I0831109

La vergüenza

La vergüenza

Crónica del juicio del caso Pelicot

Raquel Villaécija

Papel certificado por el Forest Stewardship Council®

Primera edición: octubre de 2025

Printed in Spain – Impreso en España

ISBN: 978-84-666-8302-9
Depósito legal: B-14.530-2025

Compuesto en Llibresimes, S. L.

Impreso en Black Print CPI Ibérica
Sant Andreu de la Barca (Barcelona)

BS 8 3 0 2 9

A Creta, mis cuatro patas.

A Al

ÍNDICE

Confío en nuestra capacidad para proyectarnos hacia un futuro en el que todos, hombres y mujeres, podamos vivir en armonía, con respeto y comprensión mutua.

Gisèle Pelicot

PRÓLOGO

PRÓLOGO

Aterricé en el Tribunal Penal de Aviñón el 4 de septiembre de 2024 por casualidad. En realidad, no tenía que haber estado allí, sino en Los Ángeles, cubriendo un festival de arte. Trabajaba como corresponsal en Francia para el periódico *El Mundo* y me lo propusieron meses antes. Acepté con entusiasmo. El viaje era una oportunidad e incluso me cogí días de vacaciones. Había tenido que anular las mías a finales de junio, tras la celebración de elecciones legislativas anticipadas en Francia, cuyo resultado sumió al país en un caos institucional no visto en décadas. Justo después se celebraban los Juegos Olímpicos de París, así que enlazamos el caos político con el deportivo. El día que me llamaron para confirmar los vuelos, principios de agosto, me pilló en medio de una prueba olímpica de tiro al plato, a cuarenta grados en un secarral francés que en otras épocas del año es una de las zonas más idílicas del país, el Loira. Quizá fue el calor, pero me dio un aire y de repente me pregunté qué pintaba yo en Los Ángeles diez días. Era un buen plan, pero no me veía y finalmente anulé.

La semana siguiente acabaron los Juegos Olímpicos y me fui unos días de vacaciones. Antes de volver me escribió mi jefa, la responsable del área de «Internacional» de *El Mundo*, para que hiciese algo sobre «ese juicio que empieza esta semana a un hombre que drogó a su mujer para que la violaran otros hombres». Francia había estado volcada en su crisis política y en los Juegos Olímpicos, y en los últimos meses no se había hablado de otra cosa, así que tuve que tirar de Google para ubicarme.

Se trataba de un macrojuicio que duraría cerca de cuatro meses contra un hombre acusado de haber sedado a su mujer para que la violaran al menos otros cincuenta individuos, también imputados, mientras ella estaba inconsciente. Lo hizo durante una década. Era un caso insólito en Francia y en el mundo: nunca se había juzgado en el mismo proceso a decenas de hombres por haber abusado de una sola mujer, bajo sumisión química y todo orquestado por su propio marido, que los reclutaba a través de una página web. Todos vivían en la misma zona, en pueblos dentro de un radio de cincuenta kilómetros.

El juicio era en el Tribunal de Aviñón porque las violaciones se habían cometido en Mazan, un pueblo cercano donde residía el matrimonio. *A priori*, me parecía un caso difícil de abordar, delicado y complejo. Sin embargo, tal vez por intuición o por algo que todavía no llegaba a comprender, decidí poner fin a mis vacaciones e irme a Aviñón y a Mazan esa primera semana de septiembre de 2024 para enterarme bien de la historia, pero con la intención de estar solo un par de días.

No pude salir de allí. La historia me atrapó como ninguna otra en mis años de periodista. Era la primera vez que asistía a un juicio tan largo y también la primera que tenía en mis manos un sumario de casi cuatrocientas páginas en francés.

Tras dos semanas de juicio, el interés mediático decayó y el tribunal se vació de prensa extranjera, pero yo tenía la necesidad de seguir allí. Me parecía importante, mucho más que lo que estaba pasando en Francia en ese momento, aunque aún no tenía muy claro para qué ni para quién. Me hacía muchas preguntas, así que tenía que intentar entender esa historia para que la comprendieran los demás. Poco a poco fuimos descubriendo que tenía una dimensión mayor de la que pensábamos al inicio, antes de que Gisèle Pelicot, la víctima, cambiase la percepción del proceso.

Pasaron las semanas, yo hacía idas y venidas desde París y, cuando me quise dar cuenta, ya era diciembre y había cubierto el juicio entero. Sin haberlo planeado, me había convertido en la periodista española, probablemente también extranjera, que más tiempo había pasado en esa sala.

No, mi viaje no fue a Los Ángeles. Fue a un lugar mucho más cercano, pero fue más profundo; también más doloroso. Fue más largo de lo que imaginé. Duró los casi cuatro meses de juicio y se alargó muchos meses después. Más de medio centenar de días, de jornadas interminables en un banquillo con sus noches llenas de interrogantes y desvelos, de madrugones y trenes de ida y vuelta haciendo lo imposible por compaginar la cobertura del caso con el trabajo del día a día. Abrió heridas y me puso delante de muchos espejos, los más opacos, esos en los que preferimos no mirarnos. Dejé muchas cosas de lado: parte de mi vida, mi ocio y sobre todo mi descanso. A pesar de las renuncias, nunca me he arrepentido.

Años atrás, mi amiga Carmen, que trabaja en el mundo editorial, me dijo un día: «Raquel, tienes que escribir el libro que solo tú puedas escribir y no la mayoría». En diciembre de 2024, después de que se dictara la sentencia, supe que si yo tenía alguna historia que contar era la que había vivido en ese tribunal. Este libro es el relato de mi viaje, que en realidad es el de la mayoría, a la vergüenza.

CRONOLOGÍA

27 de noviembre de 1952. Dominique Pelicot nace en Quincy sous Senart, en el departamento francés de Essonne.

7 de diciembre de 1952. Gisèle Guillou nace en Villingen, Alemania. Se traslada con su familia a Francia cinco años después.

Abril 1973. Gisèle Guillou y Dominique Pelicot se casan. Tienen veinte años. Se habían conocido dos años antes, en 1971.

1 de marzo de 2013. El matrimonio Pelicot, tras jubilarse, se traslada a vivir a Mazan, un pueblo cerca de Aviñón, en la región de Vaucluse, al sur de Francia.

12 de septiembre de 2020. Detienen a Dominique Pelicot en un supermercado de Carpentras, a unos kilómetros de Mazan, tras ser denunciado por varias clientas por haberlas grabado por debajo de la falda. La policía le requisa el teléfono y realiza el primer registro de su casa.

2 de noviembre de 2020. La policía arresta a Dominique

Pelicot dentro de la investigación tras el incidente del supermercado y a raíz del análisis del material informático que le incautaron. Descubren fotos y vídeos de una mujer, aparentemente inconsciente, siendo violada por otros hombres, además de por él mismo.

4 de noviembre de 2020. Tras dos días bajo custodia, se abre una investigación judicial contra Dominique Pelicot por violación agravada y en reunión, entre otros cargos. La jueza del Tribunal de Aviñón, Gwenola Journot, inicia la instrucción del caso y comienzan los trabajos para tratar de identificar a los hombres de los vídeos grabados entre 2011 y 2020.

9 de febrero de 2021. Se produce la primera ola de detenciones, en la que se arresta a 10 hombres de los más de 50 que se ha logrado identificar.

23 de marzo de 2021. En la segunda ronda de arrestos, se pone bajo custodia a otros 10 implicados.

13 de abril de 2021. Se lleva a cabo la tercera ola de arrestos, en la que se interroga y se pone bajo custodia a otros 5 identificados.

22 de junio de 2021. Cuarta ola de detenciones: arrestan a 10 hombres más.

28 de septiembre de 2021. Se produce la quinta ronda de detenciones, con otros 9 identificados.

13 de octubre de 2021. Sexta y última ola de arrestos, con tres más, en este caso por violaciones cometidas fuera de Mazan: en Île de Ré y Saint-Rémy-lès-Chevreuse. Uno de los identificados huye antes de que la policía lo localice.

2 de septiembre de 2024. Tras tres años de instrucción, se inicia el juicio contra Dominique Pelicot y otros 50 hombres. Uno de ellos, fugado; otro, acusado de haber violado a su propia mujer, junto con Dominique Pelicot, pero no a Gisèle Pelicot.

19 de diciembre de 2024. El Tribunal de Aviñón dicta sentencia y condena a Dominique Pelicot y a los otros 50 acusados.

NOTA

Los testimonios, el relato y las reconstrucciones de los hechos que aparecen en este libro proceden del sumario judicial, de los interrogatorios y de las declaraciones realizadas durante las audiencias en el Tribunal de Aviñón entre septiembre y diciembre de 2024; también de mis intercambios o entrevistas con los protagonistas del mismo, dentro o fuera del tribunal. El resto son impresiones, opiniones y reflexiones propias. Esta obra no pretende sustituir un expediente judicial, sino arrojar una mirada sobre el caso más allá de la periodística. Los nombres de algunas de las personas que aparecen en este libro han sido modificados para preservar la confidencialidad.

1

UNA HABITACIÓN EN MAZAN

Una tarde de diciembre

Es mediodía y hace poco que los niños han salido del colegio cuando Christian Lescole llega al aparcamiento del instituto de Mazan. Dominique Pelicot, alias Marc Dorian en Skype, está esperándolo. Contactaron esa mañana por internet. Chatearon un rato y, aunque no se conocían, quedaron para verse unas horas después. Christian L. le pidió fotos de ella. Quería estar seguro de lo que se iba a encontrar. Dominique P. se las mandó. Ella aparecía en el borde de la piscina, unos sesenta y pico años, media melena, sonriente. No es el tipo de mujer que Christian L., de cincuenta y cinco, tenía en mente, pero tampoco le pareció mal del todo, y el hecho de que le enviara las fotos le dio confianza.

Es una hora rara; Dominique P. suele organizar las citas por la noche. Los dos hombres llegan juntos a la casa.

Por el camino, hablan primero de banalidades y después de cómo se desarrollará el encuentro. Aunque antes, chateando por SMS, Marc Dorian le ha dado algunas consignas. Christian L. sabe lo que no tiene que hacer: no puede llegar oliendo a tabaco ni a perfume ni a nada que pueda quedar en la memoria inconsciente. Sabe que, antes de entrar en la habitación, tiene que calentarse las manos en el radiador y no hacer ruido. El frío puede despertarla y eso no debe ocurrir. Bajo ningún concepto. Christian L. ya ha tenido encuentros otras veces con parejas y sabe cómo funciona, así que llega tranquilo.

El entorno acompaña. La casa es un bonito chalet con jardín y piscina en un lado de la carretera, apartado del corazón del pueblo, Mazan, un lugar tranquilo en plena Provenza francesa, rodeado de viñedos. Dominique P. se cuida de que no los vea nadie: a plena luz del día hay más riesgo que a medianoche, que es cuando acostumbra a fijar las citas. El perro, un simpático bulldog francés, les da la bienvenida en la puerta. A Christian L. el emplazamiento y la casa le dan seguridad: no es una sórdida habitación de hotel en un pueblo de carretera, sino el hogar de dos jubilados de clase media en el campo. Dominique P., además, parece tener las cosas claras. Es un sesentón corpulento, con don de palabra y carisma.

Los dos hombres entran en la cocina, el lugar donde Dominique los recibe a todos, donde les recuerda las instrucciones y donde suele iniciarse, salvo excepciones, la secuencia, que es casi siempre la misma.

Christian L. se quita las botas de trabajo y sigue las indicaciones: tiene que desvestirse en el pasillo. Ha de hacerlo fuera porque si ella se despierta y tiene que salir corriendo de la habitación, no tendrá tiempo para coger sus cosas. Primero se quita la ropa Dominique y luego él. Christian L. entra en la habitación desnudo, a excepción de una chaqueta que llevaba puesta en la que se lee «Bomberos de Vaucluse».

La habitación está en penumbra. Se intuyen fotos de familia enmarcadas en la mesilla de noche. Son los hijos y nietos del matrimonio. Durante casi cincuenta años han construido una familia sólida y admirada por todos los que los rodean: Caroline, la mediana, es el ojo derecho de Dominique, y David guarda un enorme parecido con él. Florian es el pequeño, quizá el más desligado de su padre, el único que no se le parece. Los tres viven en la región de París, pero suelen ir a Mazan en vacaciones para que Dominique y Gisèle pasen tiempo con sus nietos. Siempre han sido una familia unida.

Al entrar en la alcoba de matrimonio, Christian L. empieza a inquietarse. El ambiente, según declararon él y otros hombres después ante el tribunal, era opresivo. Nada más cruzar el umbral, Christian L. constata que algo no encaja. Ella está tumbada en el lado izquierdo de la cama. No levanta la cabeza, aparentemente duerme. Tal como Dominique P. le ha dicho que pasaría. Se oyen algunos ronquidos. Ella no se mueve. Lleva puesto un sujetador rojo, levantado por encima de los pechos, que parece más sacado de un mercadillo que una lencería fina elegida para la ocasión. No el propio de una mujer de más de sesenta años. Se oye una tele de fondo. El escenario roza lo lynchiano. En la penumbra, Dominique P. le recuerda las reglas, que son siempre las mismas para todos: tiene que seguir sus indicaciones, no puede hacer gestos bruscos ni ser violento. Y, sobre todo, ella no debe despertarse.

Christian L. duda, pero Dominique P. le infunde confianza. Además, empieza él. Chris el Bombero, su pseudónimo en la página web donde se han conocido hace apenas unas horas, se queda en una esquina, observándolo. Dominique P., como si fuera el director de una película, dirige la secuencia de la que él mismo es protagonista. Así que Christian L. obedece las órdenes y espera. Cuando Dominique P. acaba le indica a Christian L. que es su turno. Él se aproxima a ella, que sigue en la misma posición que cuando entraron. Dominique P. le graba. Él acepta porque entiende que forma parte del juego. Piensa que esos vídeos y esas fotos servirán para que él y ella se diviertan después. Lo ha hecho otras veces. Además, son las reglas.

El sonido de fondo se compone de los ronquidos de ella y de los susurros de los dos hombres. Han tomado todas las precauciones posibles. De repente, ella hace un movimiento inconsciente. Ambos se asustan: Christian L. se aparta rápidamente y Dominique P. se apresura a cubrirla con el edredón, lo hace con delicadeza y mimo, como quien tapa a un niño que se ha quedado dormido en el sofá para protegerle del frío. Un gesto de amor envenenado.

Falsa alarma. Ella no se ha despertado, así que Dominique le dice a Christian L. que puede continuar. Él duda, pero al final se aproxima de nuevo. En el vídeo grabado por Dominique P. se le ve con los ojos desencajados, como si estuviera fuera de sí. Él declarará al tribunal que sospecha que Dominique P. le drogó. Sus movimientos son repetitivos. No parece cómodo. No obstante, la escena y las indicaciones de Dominique lo envuelven. Es como si se empeñase en ejecutar a toda costa lo que había ido a hacer a esa habitación en Mazan, tener una relación sexual, como si no hubiese marcha atrás. Él no lo sabrá hasta mucho tiempo después, pero en ese punto ya no la había. Al final del acto, sonríe a Dominique, aliviado, como si todo hubiera salido bien. Durante toda la secuencia, que él creyó que fueron cinco minutos, pero que en realidad duró dos horas, no se quitó la chaqueta de bombero. Todo ese tiempo, ella permaneció en la misma posición casi sin moverse. Como sucedió con casi todos.

Gisèle Pelicot no se despertó en aquella ocasión. Como tampoco lo hizo las anteriores, ni las siguientes, ni las de tantos otros días entre 2011 y 2020.

El 19 de diciembre de 2024 Christian Lescole fue condenado por el Tribunal Penal de Aviñón a nueve años de prisión por haberla violado, junto con Dominique Pelicot, su marido, en la habitación matrimonial de su casa de Mazan mientras ella estaba inconsciente.

Chris el Bombero

Yo vi el vídeo de aquella violación. Fue un viernes 15 de noviembre de 2024, por la tarde, en la sala Voltaire del Tribunal Penal de Aviñón, que, después de tres meses, se había convertido prácticamente en mi casa. En la de todos los que estábamos allí desde principios de septiembre. Nos acercábamos al final del macrojuicio contra Christian Lescole y otros cuarenta y nueve hombres, además de Dominique Pelicot, quien los reclutaba. Todos estaban acusados de haber violado a Gisèle Pelicot, mujer del último, tras haber sido drogada por él. Ocurrió durante un periodo de casi diez años. El proceso empezó en el mes de septiembre y en apenas unos días tomó una dimensión inesperada. Era la primera vez que se juzgaba a tantos hombres acusados de haber abusado de una sola víctima.

Como eran muchos, se habían repartido en grupos de cinco o seis, de manera que cada semana declaraba un grupo. Normalmente, los primeros días se dedicaban a las exposiciones de los psicólogos y psiquiatras que los habían analizado en prisión y, después, se les interrogaba a ellos, primero sobre su vida y después directamente sobre los hechos. También iban testigos.

Christian L. estaba en el último grupo, el que testificó al final del juicio. Era de los peores: había acusados con delitos previos y un perfil criminal a considerar. Los periodistas lo llamábamos «el grupo de la muerte». Ese día, además de él, habían declarado otros dos hombres, así que estábamos todos extenuados. Dependiendo del perfil, los interrogatorios podían durar un par de horas. El suyo fue de los más largos. Algunos días eran tan intensos que salías de allí como si te hubiera pasado un camión por encima. La proyección del vídeo de Christian L. fue el colofón. Aquel vídeo es de los más fuertes que vi, y eso que llevaba decenas.

Estaba sentada al lado de Britta Sandberg, la corresponsal alemana del semanario *Der Spiegel* y una de mis compañeras de viaje en este juicio. Nos habíamos conocido hacía meses en un ambiente mucho más lúdico y agradable, en una exposición de la bienal de Venecia, pero no habíamos vuelto a coincidir hasta septiembre, en aquel tribunal. Desde entonces, nos vimos todas las semanas y rápidamente nos apoyamos la una en la otra. Nos pasábamos los apuntes de las audiencias si una de nosotras no había podido asistir. Ella empezó tomando notas en alemán y yo en castellano, pero enseguida ambas cambiamos al francés para poder compartírselas a la otra. Nos reservábamos el asiento para estar juntas, tomábamos café en los descansos, comíamos y nos contábamos confidencias y nuestros proyectos de futuro, y les hablábamos a nuestros círculos personales la una de la otra. Britta se convirtió en un pilar, un sostén fundamental en las semanas menos mediáticas, en las que éramos pocos los periodistas presentes en el tribunal. A base de escuchar declaraciones y visionar vídeos execrables, nos habíamos hecho amigas. Sin Britta, esa sala habría sido un espacio mucho más hostil.

Ese viernes, eran cerca de las cinco de la tarde y Britta estaba sentada a mi lado. Siguiendo el procedimiento habitual, el presidente del tribunal invitó a la gente sensible y a los familiares de la víctima a que saliesen de la sala: «Les recuerdo que las imágenes que vamos a ver a continuación atentan contra la dignidad de las personas». Lo hacía siempre que se proyectaba alguno de los vídeos de las violaciones de Gisèle Pelicot. Durante los casi cuatro meses de juicio vimos cerca de medio centenar de las 3.800 fotos y vídeos que Dominique Pelicot registró.

El vídeo de Christian Lescole tenía una violencia particular. El presidente del Tribunal Penal, Roger Arata, le dio al play. El acusado miraba fijamente a la pantalla, a diferencia de la mayoría. Dominique Pelicot escondía el rostro entre las manos. Ocurría cada vez que se visionaba un vídeo. Muy pocos fijaban la vista en las pantallas donde se proyectaban, normalmente escondían la cabeza entre las piernas o miraban al suelo. No sucedía solo con los vídeos propios, también con los de los otros. Es como si no quisieran ver lo que mostraba la secuencia, el motivo por el que estaban sentados en el banquillo: al hombre que estaba violando a una mujer inconsciente. Porque «ese hombre» eran todos ellos.

El ejercicio de ver los vídeos era como mirarse en un espejo y encontrar un reflejo con el que uno no se identifica. Con el tiempo, observé un cambio en algunos de ellos: al principio se agachaban todo lo que podían, hasta que su cabeza quedaba oculta entre las piernas, y se tapaban los oídos con las manos. Pasado el tiempo y las proyecciones, se limitaban a girar la cabeza a un lado y, a veces, echaban un vistazo de refilón. Nosotros, los periodistas, también nos habíamos acostumbrado. El primero fue un shock.

Tres meses después, ya conocíamos el escenario, el *modus operandi*, las reacciones de unos y otros, y esa violencia perversa de las imágenes. Creo que algunas escenas se quedarán grabadas para siempre en mi memoria.

Hay un puñado de acusados que siempre miró las pantallas. Christian L. era uno de ellos. Algunos, bajo custodia policial y luego en la cárcel, los habían visionado una y otra vez para intentar entender por qué acabaron en esa habitación en Mazan y por qué hicieron lo que hicieron. Otros miraban por vicio. Observándolos, acabé por intuir quién pertenecía a cada grupo.

Creo que Christian L. era de los primeros. Miraba de frente, sin inmutarse, como si aún no hubiera encontrado en él las respuestas que buscaba. Este vídeo se hizo más largo que otros. Los movimientos eran repetitivos y su insistencia en ejecutar el acto resultaba agónica y generaba cierta ansiedad. Con los que duraban más de un minuto ocurría que no sabías si seguir mirando o apartar la vista.

Mirar incomodaba, pero había que hacerlo porque era importante captar algunos detalles. Los vídeos eran las pruebas de esas violaciones y lo que tumbaba los argumentos de todos los acusados, los que agachaban la mirada y los que no. La mayoría decía que no sabían muy bien por qué acabaron allí, que Dominique Pelicot les manipuló y que pensaban que era una fantasía sexual de la pareja. En las filmaciones se veía a hombres ejecutando, con mayor o menor deseo, con mayor o menor «acierto», lo que habían ido a hacer a esa habitación de Mazan. Solo que no sabían, o no esperaban, o no eran conscientes, de que ese acto sexual que iban a cometer era una violación. El vídeo de Christian, con esos ojos desencajados y esa mirada como ida, resultaba insoportable. Había dos niveles de violencia en esa grabación: la que se desprende de imponer un acto sexual a una mujer claramente inconsciente y la del empeño de Christian L. por culminarlo, aunque su cuerpo no siempre respondía.

Al cabo de medio minuto de proyección, Britta y yo hicimos una pausa para cruzar miradas. No hacía falta que nos dijéramos nada. Bastaba un gesto con los ojos para comunicarnos. Ocurrió así durante las decenas de vídeos que habíamos visto: esas pausas para mirarnos eran el salvavidas al que nos agarrábamos para poder continuar. Creo que nunca el lenguaje no verbal ha sido tan claro y tan terapéutico como en esa sala durante el visionado de los vídeos de las violaciones perpetradas por esos hombres a Gisèle Pelicot. Las periodistas nos buscábamos las unas a otras con una mezcla de incredulidad, de «en el fondo no me sorprende» y de «pensaba que ya lo había visto todo, pero no». Nos teníamos las unas a las otras y Gisèle probablemente también contaba con nosotras. Sin los decenas de periodistas que seguíamos desde el principio el juicio a sus violadores, ella habría estado más sola en esa sala con todos aquellos hombres, a los que no conocía y a los que se enfrentaba por primera vez.

El vídeo de Christian L. acabó, Britta y yo respiramos y el presidente le hizo levantarse. Uno de los abogados de la víctima, Stéphane Babonneau, le preguntó: «Señor Lescole, después de lo que hemos visto, ¿sigue manteniendo que usted no violó a Gisèle Pelicot?».

«Sí, lo mantengo, nunca tuve intención de violar a la señora Pelicot».

Ese era otro nivel de violencia. Durante los meses que duró el juicio, y cada vez que alguien me preguntaba qué era lo más duro para mí, siempre contestaba que lo más fuerte no era ver esos vídeos, sino escuchar a todos esos hombres negar delante de la víctima que lo acabábamos de ver con nuestros propios ojos fuera una violación. Lo contrario habría sido admitir que eran violadores, pero la mayoría no se reconocía como tal. Para mí, la brutalidad de esa negación superó largamente la del desagradable trago de tener que mirar esas escenas.

A Christian Lescole y a mí nos separa un cristal. El día de su declaración yo estoy sentada en un banco al fondo de la sala, el de la prensa. Él está a mi izquierda, dentro del espacio blindado y custodiado por la policía. Se coloca siempre en el mismo sitio, pegado al cristal, a la derecha. Creo que lo hace para tener mejor perspectiva de la sala y observarnos, a la prensa en particular. Yo me sitúo en la esquina del banco, en la parte izquierda, por el mismo motivo, para mirar a los acusados. Christian L. nos mira como si fuéramos el enemigo. En realidad, al principio es lo mismo que hago yo.

Intento captar miradas, expresiones, trato de retener sus caras en mi memoria. Cuando empezó el juicio, yo tomaba apuntes sobre su manera de vestir, de actuar, para no olvidarme de nada. Aunque lo que casi cualquier persona querría es precisamente olvidar sus rostros, yo trataba de retener cada detalle. Al poco tiempo supe que, quisiera o no, a algunos no iba a olvidarlos. Para mí, la única forma de poder entender cómo habían llegado ahí era escuchando y captando sus gestos cuando parecía que nadie los miraba.

Christian Lescole se ha dejado bigote y barba larga en prisión. Se la atusa cuando está nervioso. Parece un eremita, salvo porque tiene la cara consumida y la mirada turbia. Yo había rastreado a los acusados por internet; como su apodo era Chris, el Bombero, no fue difícil encontrarlo. El primer día que lo vi en el tribunal no lo reconocí. Estaba envejecido y su actitud era hostil. Parecía que había vivido cosas horribles, como si esa experiencia le hubiera oscurecido.

Cada vez que miro al espacio acristalado para escudriñar a alguno de los acusados detenidos, me lo encuentro y aparto la mirada. Me pasa con pocos. Me da miedo. Me da miedo porque veo en sus ojos la cólera, el odio y la rabia infinita. También el sufrimiento, el sentimiento de injusticia y la incomprensión. Es, de los cincuenta y un acusados, quizá el más reactivo: se nota que no puede contenerse. Cuando se dice algo sobre él que considera injusto o falso, agita la cabeza con indignación, se atusa esa barba que le llega ya a la base del cuello. A diferencia de otros, que escuchan como si la cosa no fuera con ellos, Christian L. está vivo. No entiende por qué lleva, según el recuento de su abogado, más de mil días en prisión. Él, que pasó años apagando fuegos y sacando gente de entre amasijos de hierro, de accidentes, inundaciones o incendios, siempre preparado para cualquier emergencia.

En su declaración ante el tribunal narró que había tenido que enfrentarse a centenares de muertos a lo largo de su carrera. Hablaba de su trabajo con orgullo, pero también consciente de que la vida que eligió y por la que se sacrificó le había erosionado profundamente y de manera irreversible. «A veces llegaba a casa y lloraba. Ahora hay acceso a los psicólogos, pero antes no», dijo. Contó que una de sus experiencias más traumáticas, la que le llevó al *burnout*, fue cuando tuvo que recoger los cadáveres de varios niños fallecidos en un accidente de tráfico. Christian Lescole, que se emocionó cuando dijo que tenía dos hijas, tuvo que ir a las casas de los padres de esos niños a anunciarles que nunca más los verían. Fue de los momentos en los que le vi más conmovido.

En esa sala era difícil saber qué era verdad y qué era mentira, quién fingía y quién no. Pero creo que, después de varios meses, yo aprendí a diferenciarlo en parte. Estoy segura de que a Christian L. aquella experiencia, de todo lo que contó ante el tribunal que había vivido con la chaqueta de bombero, era de las que más le marcaron. También creo, por la pasión que ponía cuando hablaba al tribunal de su trabajo, que era de verdad un bombero vocacional.

A través del cristal que nos separa, percibo que Christian L. está lleno de ira porque hoy está esposado en un box acristalado custodiado por policías en un tribunal penal cuando se ha pasado toda la vida salvando gente y trabajando al servicio de la sociedad. Eso es verdad. También lo es que el 19 de enero de 2019 quedó con Dominique Pelicot para ir a la casa de este en Mazan y cometer actos sexuales con Gisèle Pelicot estando ella inconsciente, drogada por su marido. La rabia de Christian es también hacia sí mismo: pudo haber salido de esa habitación y no lo hizo. Pudo denunciar y no lo hizo. En esa alcoba de jubilados, pasó de héroe a criminal sin ser consciente de ello hasta un año y pico después, cuando los agentes llegaron para detenerlo.

En su declaración bajo custodia policial dijo que había permanecido en aquella habitación del bucólico chalet de Mazan solo cinco minutos. Según el minutado de los vídeos filmados por Dominique Pelicot (tres grabaciones y veintiséis fotos), estuvo entre las 12.22 y las 15.36 horas de aquel 19 de enero. En el último registro filmado, Gisèle Pelicot seguía en la misma posición que al principio: tumbada en el lado izquierdo de la cama. Apenas se movió en toda la secuencia. En su declaración a la policía, Christian L. dijo que no se dio cuenta del estado en el que ella se encontraba porque no la miró a la cara.

La declaración de su padre me marcó profundamente. R. Lescole, setenta y cinco años, entró esa mañana de noviembre en la sala con dos muletas, caminando despacio, tenía el pelo blanco ligeramente rizado y cara de buena persona. El presidente del tribunal le permitió sentarse debido a su estado de salud. Saltaban a la vista la vulnerabilidad y la honestidad de un anciano que había hecho cuanto estaba en su mano para criar bien a su hijo. Era, en tres meses de juicio, la primera vez que el padre de alguno de los acusados iba a testificar. De los cincuenta, habían declarado ya más de cuarenta y cinco y solo habían acudido madres, hermanas, parejas y exparejas. Ese asunto, la ausencia paterna, me obsesionaba. Me fue imposible no emocionarme cuando empezó a hablar, mitad orgulloso por todo lo que su hijo había hecho con el uniforme de bombero, mitad avergonzado por lo que también hizo un día con ese mismo uniforme puesto. En ningún momento lo justificó: «Yo no le he educado para que hiciera una cosa así, siempre ha sido una persona que va con el corazón en la mano».

La madre había muerto pocos meses atrás mientras él estaba en prisión. «Su madre me decía "el que ha hecho eso no es nuestro hijo". Ella se marchó con eso, con esa pena». El hombre, mientras lo contaba, se echó a llorar, y yo me eché a llorar también. No quería hacerlo para no parecer débil y porque, de alguna manera, me daba vergüenza empatizar con la otra parte delante de Gisèle, pero a esas alturas ella misma ya había conectado con el sufrimiento de las otras familias, como la suya, rotas por este proceso. El testimonio de ese hombre, que intentaba sostenerse en sus muletas con su hijo a varios metros en un box, era sincero y humano. Miré a Christian L. y también estaba llorando. Su mirada, por una vez (y quizá fue la única), no era desafiante. Era la de un hijo que ha perdido a su madre y no ha podido despedirse, que ve desmoronarse a su padre. Este, entre lágrimas, acabó la declaración diciéndole a los jueces: «Por favor, no sean muy duros con él». Gisèle Pelicot le miraba.

Robert L. salió de la sala con la misma dignidad con la que había entrado un cuarto de hora antes, despacio, apoyándose en las muletas y sin mirar a su hijo. Este sí buscaba su mirada, quizá anhelando un atisbo de perdón, pero no recibió respuesta. Lloraba desconsolado. Yo tuve que contenerme para no hacerlo también.

La coraza había ido desapareciendo poco a poco. Yo, que empecé cubriendo un juicio a cincuenta hombres por haber violado en masa a una mujer inconsciente por invitación de su marido, acabé llorando con uno de ellos, justo el que más miedo me daba, y con su padre. Llegué la primera semana por encargo de mi periódico, con desgana y casi como Christian L., un poco al borde del *burnout*. A los pocos días, intuí que el viaje iba a ser duro, pero que merecía la pena embarcarse, aún no sabía por qué ni para qué. Me dejé llevar, semana tras semana; sentía que, como periodista, mi lugar estaba allí y no en otro sitio. Nadie me exigió esa implicación, pero yo tuve la necesidad de hacerlo. Pasaron las semanas y los meses. Ese día, ya al final, con los Lescole, entendí lo mucho que me había calado el proceso.

2

EL MARIDO Y PADRE PERFECTO

El merecido retiro

Tras cuarenta años juntos, en marzo de 2013, Dominique y Gisèle Pelicot, con sesenta y un años, decidieron mudarse a un pequeño pueblo de la Provenza francesa para pasar el resto de su vida. Mazan está en la región de Vaucluse, a media hora de la turística Aviñón, y es un lugar como otros muchos de la zona: ni demasiado grande ni demasiado pequeño, está rodeado de viñedos y conectado por pintorescas carreteras regionales. No es especialmente bonito, tiene una calle principal sin demasiada personalidad, edificios bajos, un puñado de bares, varios colegios, un par de panaderías y algunas casas apartadas, las de la gente que puede permitirse vivir en un chalet. Allí viven cerca de seis mil habitantes, el número de vecinos suficiente para que nadie conozca a nadie que no quiera ser conocido. Mazan es un pueblo cualquiera, salvo por una particularidad: alberga el castillo donde residió el marqués de Sade, el escritor francés que fue encarcelado por delitos sexuales.

Hasta que se conocieron, las vidas de Dominique y Gisèle no fueron fáciles. El padre de él, según él mismo lo describió, era autoritario, un hombre oscuro y violento que abusaba de su madre. La madre de Gisèle, Jeanne, murió de cáncer a los treinta y cinco años, cuando ella tenía nueve. Fue en 1962, poco después de Navidad. Gisèle fue criada por su padre y sus tías.

Dominique y Gisèle se conocieron cuando tenían dieciocho años. Se rescataron el uno al otro, más ella a él que a la inversa. Se casaron en julio de 1973, con apenas veinte. Para Gisèle, Dominique fue su primer amor y viceversa. Le admiraba mucho por cómo había salido adelante a pesar de haber tenido una infancia más bien miserable. Quería y admiraba al hombre en el que se había convertido: le gustaba salir a montar en bici, había corrido alguna maratón y era un padre atento. Su hija, Caroline, contó que le consolaba cuando le hacía confidencias; y con el mayor, David, se iba al cine y al fútbol, afición que ambos compartían. Construyeron su historia juntos, con sus luces y sus sombras, pero sólida, década tras década, y era considerado por todos un matrimonio feliz. Dominique, que no era creyente, siempre decía que Gisèle era una santa y que en su vida solo había dos dioses: su madre, Juliette, y Gisèle.

Dominique siempre fue el más inestable del matrimonio en lo profesional: trabajó de electricista, luego de comercial en una agencia inmobiliaria y más tarde montó su propia empresa, lo que puso en riesgo la estabilidad económica familiar. Era carismático, tenía don de gentes, le gustaba ser el centro de atención, en su casa era el patriarca a la cabeza de la mesa familiar. Tuvieron tres hijos y siete nietos. Como en toda pareja de larga duración, no faltaron las crisis: ella tuvo una relación extraconyugal con un compañero de trabajo y esa aventura fue un shock para él, aunque también tuvo las suyas. La posibilidad de perderla le desestabilizó mucho. Tras un periodo de separación temporal, agravado por las dificultades económicas por las deudas de él y las relaciones extramatrimoniales, volvieron. Y así, cayéndose y levantándose de la mano, forjaron su imagen de matrimonio perfecto. Ella siempre estuvo a su lado, como cuando entró en el hospital pensando que tenía apendicitis y los médicos le dijeron a Gisèle que era un cáncer, pero que hasta que no se recuperase de la operación, no le dijera nada. Ella y sus hijos guardaron el secreto y lo cuidaron.

Mazan era el esperado retiro. Se instalaron en una casa grande y apartada, así que se dejaban ver poco por el pueblo. Es un lugar pequeño, donde no hay mucho que hacer, uno de esos sitios donde los fantasmas de cada uno se van haciendo más grandes. Él salía poco, así que pasaban la mayor parte del tiempo juntos, salvo cuando Gisèle viajaba a París a ver a sus hijos y a sus nietos, que era muy a menudo. Dominique, cuyo estado de salud era más delicado, solía quedarse en Mazan y ponía excusas. Desde que se mudaron, él se ocupaba de preparar las comidas. Por las tardes, les gustaba abrirse un vino y tomar el aperitivo antes de pasar a la mesa mientras charlaban. Después de cenar, Dominique a veces se quedaba viendo el fútbol; como a Gisèle no le gustaba, se iba a la cama. A veces, como contó ella, él le llevaba un helado o el postre a la habitación, el toque dulce antes de dormirse.

El monstruo de Mazan

Dominique introducía dosis de lorazepam machacadas en ese helado, en el vino o en las comidas. Empezó a drogar a Gisèle cuando todavía vivían en la región de París, según su propia declaración, pero tras mudarse a Mazan en 2013, incrementó la frecuencia. Allí estaban aislados, no los conocía nadie y sus hijos estaban lejos. Le orientó sobre las dosis un enfermero que había conocido en la web coco.fr, una página de citas, intercambio de parejas y otras prácticas libertinas. Funcionaba como un Tinder arcaico, solo que allí la gente iba un paso más allá. En coco.fr no había ningún tipo de filtro. En muchos casos, los usuarios eran hombres que gestionaban las citas o los encuentros con otros hombres, y que participaban en foros sobre parafilias y perversidades varias. Nadie había clausurado la web a pesar de haber recibido centenares de denuncias, sobre todo por casos de proxenetismo y pederastia. En las conversaciones, lo mismo se hablaba de hacer tríos como de drogar a mujeres para tener relaciones sexuales sin su consentimiento.

Según declaró Dominique Pelicot, a Gisèle le recetaron lorazepam durante una temporada y luego él se lo hizo prescribir por su médico en Mazan. Este rechazó ser interrogado, alegando secreto profesional. Según el sumario, entre 2013 y 2020, fueron un total de veinte recetas de lorazepam (también de Viagra) en su dosis más elevada, 2,5 miligramos, en cajas de treinta pastillas; es decir, unos 780 comprimidos en el periodo citado. Sin embargo, Dominique P. no tenía problemas de sueño, o al menos no constaban en su historia clínica. Aun así, negó que el médico fuera su cómplice.

Dominique Pelicot tardó en ajustar las dosis. Primero fue poco a poco: ella se quedaba dormida, pero se despertaba. Al principio le daba los medicamentos de forma esporádica para violarla él. Aseguró que entre 2011 y 2013 fue «ocasional». Después, fue ganando confianza en su método y empezó a invitar a desconocidos. Al final, llegó a hacerlo varias veces a la semana, según su propia declaración. Sabía que contaba con varias horas y que, aunque ella hiciera movimientos aparentemente conscientes, no acababa de despertarse y luego no se acordaba de nada. Gisèle declaró, por ejemplo, que no tenía recuerdos de las noches del 22 y 23 de octubre de 2020, justo después de haber pasado unos días en casa de su hijo. Según el experto toxicológico, para llegar a ese estado tuvo que haberle dado entre cuatro y seis pastillas de 2,5 miligramos.

La puesta en escena la fue perfeccionando poco a poco, año a año, visita tras visita. Violación tras violación.

Normalmente, Gisèle perdía la consciencia ya en la cama, con el pijama puesto. Alguna vez, contó él, se desvaneció antes de tiempo en la mesa del comedor, pero Dominique Pelicot, un hombre corpulento, de unos cien kilos, la movía sin problema y la llevaba a la habitación de los horrores. Una vez allí, con ella inconsciente, le cambiaba la ropa. Le ponía una lencería bastante sórdida e incongruente: prendas que él le regalaba y que ella no quería ponerse; también tops de colores chillones más propios de una adolescente que de una jubilada, ligueros y ornamentos varios o, como se vio en los vídeos, camisetas con mensajes humillantes como «Puta» o «Puta de servicio». Al día siguiente, Gisèle se levantaba en la misma posición, con su pijama puesto y no recordaba nada.

Él se ocupaba de que así fuera: ponía un cuidado exquisito en dejar todo como estaba, en que no quedasen señales ni manchas ni olores, en limpiarla y que no hubiera nada fuera de lugar. Por eso era tan obsesivo con las normas, con que nadie oliese a perfume ni fumase: no podía quedar rastro.

Dominique P. lo grababa todo y, cuando Gisèle se iba a ver a sus nietos y él se quedaba solo, revisaba los vídeos y las fotos. Almacenaba los archivos y los etiquetaba, con un afán fetichista y muy metódico, dejando constancia de las fechas y los nombres y poniendo títulos muy descriptivos. Así, a golpe de fecha, nombre y tipología del acto inscritos en una etiqueta, podía tirar de archivo en un momento dado si quería visionar algún vídeo o mandárselo a algunos de sus «visitantes».

Gisèle Pelicot nunca podría haber imaginado que el hombre con el que llevaba casi medio siglo de vida en común, el padre de sus hijos y abuelo de sus nietos, el que le acompañaba a las pruebas médicas, el que le hacía la cena y le llevaba el helado a la cama, la drogaba y, cuando estaba inconsciente, le colocaba esas prendas que ella se negaba a ponerse para el disfrute de desconocidos durante ese trozo de existencia, sus madrugadas, de las que él se iba apropiando a base de lorazepanes. Dominique Pelicot era las dos cosas: un buen marido y padre de día y un monstruo por la noche.

Tardé en asimilar que el abuelito con bastón y pinta de cansado que tenía enfrente, encerrado en el box blindado de la sala del tribunal, era uno de los mayores criminales sexuales que ha habido en Francia en décadas. Un depredador que pasará a la historia, con una personalidad tan compleja y perversa que asombró incluso a sus propios psiquiatras. Hacen falta décadas de carrera, sea la psiquiátrica o la periodística, para dar con un perfil semejante. Precisamente por ello, pensé, aunque suene horrible decirlo, que como periodista era una oportunidad poder ver y escuchar durante meses a un psicópata de la talla de Dominique Pelicot. Era la única manera de encontrar respuestas a todas las preguntas que nos hacíamos, dentro de la sala y fuera: cómo es posible que un hombre le haga eso a su mujer, con la que lleva toda la vida, y qué falla como sociedad para que medio centenar de hombres hubiesen participado de esa perversidad.

Acercarnos al contexto y a las motivaciones de aquella aberración era otro de los motivos por los que estaba en esa sala. Cuando fui consciente del «privilegio» de tenerlo delante, ya no pude quitarle ojo ni a sus reacciones, ni a sus gestos, ni a sus declaraciones. Sin embargo, la descripción que realizo a continuación puede ser decepcionante.

Dominique Pelicot es un jubilado con aspecto de jubilado. Llegaba cada día a las nueve de la mañana al box esposado y con su jersey gris de señor mayor (siempre el mismo); se sentaba en su silla y adoptaba una actitud entre condescendiente y hastiada que no tardé en identificar como la habitual. Parecía que le daba igual todo. Se recostaba sobre un lado y apoyaba la cara en la mano, sobre los dedos índice y anular. Miraba con indiferencia y en su rostro era muy difícil apreciar emociones. Era como si mirase la escena aburrido, harto del espectáculo que veía. Otras veces agachaba la cabeza y se tocaba el entrecejo o se la cubría con la mano. Esto ocurría cuando no quería ver lo que estaba pasando: normalmente, cuando se visionaban los vídeos de las violaciones que él había orquestado. El grado de inclinación de su cabeza era un reflejo del grado de vergüenza que sentía.

Otras veces apoyaba la mano en el bastón. Dominique Pelicot comparecía en la sala como un abuelo recostado en su sillón, débil, como si fuera consciente de que se despedía de todo lo que había tenido: una familia. Sabía que, fuera de aquel tribunal, difícilmente volvería a ver a su mujer y a sus hijos. A sus nietos no los volvió a ver tras su detención. Y lo sabía porque reconoció todo lo que había hecho, dijo que quería pagar por ello y ni siquiera pidió la provisional antes de que se le juzgase, a pesar de que podía haberlo hecho amparándose en su edad y estado físico, pues tenía problemas renales. La primera semana del proceso se le dispuso una silla medicalizada. Debido a esos problemas de salud, se ausentó varios días y se tuvo que posponer su declaración, que era lo más esperado del juicio, también desde el punto de vista mediático. Incluso se llegó a dudar de que pudiera comparecer, lo cual hubiera obligado a retrasar el juicio, ya que sin el acusado principal y jefe de orquesta, habría sido complicado juzgar a los otros cincuenta acusados. Periodistas y abogados estuvimos una semana en vilo por la salud de Dominique Pelicot, paradójicamente deseando que se recuperase lo antes posible. La primera semana del juicio le habríamos deseado el peor de los dolores, pero en ese punto necesitábamos escucharle a él y al resto.

El noventa por ciento del tiempo Dominique Pelicot se comportó de manera anodina. El día que el monstruo de Mazan relató cómo drogaba a Gisèle lo hizo como si estuviese contando lo que había hecho el día anterior. A diario éramos testigos de una especie de jerarquía criminal en el box de los acusados: Dominique Pelicot entraba siempre primero y se sentaba sin apenas mirar al resto, que sí lo miraba de reojo. Durante las declaraciones de los cincuenta cómplices de las violaciones que él organizó, se oyeron frases increíbles, auténticas perlas que despertaban el asombro, la indignación, la incredulidad o incluso las carcajadas de la sala, salvo de Dominique Pelicot, que apenas se inmutaba. A mitad del juicio se le dio la oportunidad de declarar de nuevo para esclarecer algunos asuntos que habían surgido en el curso de los interrogatorios, como, por ejemplo, su posible tendencia homosexual, pues algunos acusados dijeron que habían ido a su casa de Mazan para tener una relación con él, no con Gisèle. Los fiscales y abogados aprovecharon la ronda de preguntas para saber más sobre el *modus operandi*: primero el tribunal, luego los abogados de Gisèle, más tarde los de los acusados y finalmente la suya propia. Contó dónde guardaba las pastillas y cómo las machacaba como si estuviera enumerando los pasos de una receta. Cuando se le pidió que especificase las dosis, contestó, con ese tono grave y cansado que le caracterizaba: «Sobre eso no voy a dar detalles porque no quiero dar ideas a nadie». Su respuesta provocó una reacción a la que ya nos habíamos acostumbrado: una mezcla de carcajadas e incredulidad.

Las bromas a costa de Pelicot empezaron a proliferar, pues el humor a veces era la única manera de subsistir. Las carcajadas eran mayúsculas cuando, como ocurría cada vez más a menudo, el presidente del tribunal les cambiaba el apellido sin querer a los acusados y les llamaba Pelicot. El abogado de uno de los acusados, Romain Vandevelde, se tiró una hora llamando a su cliente Romain Pelicot. Contamos las veces: hasta cinco. Entre los compañeros, empezamos a cambiarles el apellido a todos. En esa sala de los horrores, el sentido del humor y esas bromas aparentemente absurdas en el grupo de chat que teníamos eran un soplo de aire fresco en el día a día.

Observé mucho a ese hombre de dos caras, pero era difícil sacar nada en claro porque parecía impasible. Solo percibí emoción en Dominique Pelicot en tres momentos. Una de las circunstancias en que se mostró reactivo fue las ocasiones en que su hija, Caroline, le acusó de haberla violado también a ella y cuando se planteaba la duda de si había abusado de sus nietos. En su ordenador se encontraron algunas fotos de su hija, semidesnuda y aparentemente durmiendo en su cama. Cuando la policía le mostró las imágenes, ella dijo que no dormía nunca en esa postura y que no reconocía la ropa interior que llevaba puesta. Dominique Pelicot, indignado, negaba categóricamente esa acusación: «He reconocido todo, pero nunca toqué a mi hija ni a los niños». Sin embargo, no fue capaz de explicar cómo aparecieron esas fotos en sus archivos. En el tribunal, Caroline siempre se mostraba muy afectada, se ponía roja, entraba y salía de la sala y le gritaba a su padre: «¡Mientes!». Los días que acudía al juicio eran especialmente difíciles porque éramos testigos del dolor, la incomprensión y el sufrimiento de esa hija.

La segunda circunstancia en la que le vi alterarse e interrumpir fue cuando declaró su hermano mayor, con el que nunca tuvo buena relación. Joël Pelicot, médico de profesión, entró en la sala del tribunal casi levitando, extendió los brazos sobre el atril y empezó a hablar de sí mismo. Dudo que a alguien en esa sala ese hombre le provocase otra cosa diferente al rechazo. Era tan prepotente que hasta conseguía despertar empatía hacia su hermano. Joël Pelicot era médico, el hijo modelo que huyó del caos familiar en cuanto pudo. Declaró que su hermano siempre le había tenido envidia porque él era un triunfador y Dominique un buscavidas, y también contradijo la versión que Dominique había dado sobre su infancia y juventud: entre otras cosas negó que su hermano menor hubiese sido violado por un enfermero y que su padre fuese un violento que sometía a su madre. Joël hizo el retrato de una familia normal y casi idílica, como si en aquella casa nunca se hubiese movido una mota de polvo. Ese relato sí sacudió a Dominique. Desde el box, protestaba y era él el que gritaba «¡Mientes!».

Dominique Pelicot había dejado de ser un hombre impasible. La propia Gisèle también negaba con la cabeza, indignada, con cada frase de aquel hombre. Dominique había sido un monstruo la última década y media, pero ella había contado al tribunal también la otra historia, la del Dominique al que su padre obligaba a entregarle el sueldo a final de mes, cuando toda esa violencia que él había presenciado de niño aún no había cristalizado. El día que declaró su hermano, todos los periodistas coincidimos, y esto fue casi unánime en la sala, en que Dominique Pelicot decía la verdad sobre su relato familiar, y si había que creer al hombre con apariencia de respetable o al psicópata, probablemente nos inclinábamos por el segundo.

La tercera circunstancia en que vi a Dominique Pelicot alterado, ansioso en ese caso, fue el día de la intervención de Gisèle al final del juicio. Probablemente, era la última oportunidad que Dominique tenía de mantener lo más parecido a un diálogo con ella. «Por última vez voy a dirigirme a él como Dominique, la persona con la que compartí cincuenta años de mi vida», arrancó ella. Normalmente se refería a él como «el señor Pelicot». Él a ella, como «mi mujer». Dominique la escuchaba con la mano apoyada en el bastón y cara de resignación. Cuando acabó la audiencia, los otros detenidos salieron del box, pero él esperó, se levantó de la silla, se acercó al cristal que lo separaba de los asistentes y se quedó mirando la sala, como si se estuviera despidiendo. Debido a su estado de salud, pocas veces permanecía en pie. Por lo general, le ponían las esposas y se marchaba de los primeros. Ese día miraba de pie hacia la zona donde se sentaba Gisèle, justo enfrente. Tenía la mirada perdida, como si visualizase un horizonte que ya no le pertenecería, el de Gisèle y sus hijos sin él.

La gente estaba saliendo de la sala, pero Cindy Hubert, la compañera de la radio RTL, y yo, que no le quitábamos ojo, nos percatamos: «¿Qué hace Pelicot? ¿Qué mira?». Nos levantamos y nos acercamos al fondo de la sala, algo que normalmente no hacíamos, para poder averiguar qué miraba. Gisèle ya había salido, así que no la buscaba a ella. Quedaba poco para que se dictase sentencia e igual, como nos pasaba al resto, era consciente de que el juicio llegaba a su fin y tenía sentimientos encontrados. Parecía pensativo, pero también presa de la ansiedad, como si buscase algo. Cindy y yo nos miramos: «¿Y si estaba despidiéndose de verdad?». La idea del suicidio se había mencionado durante el juicio en muchas ocasiones por parte de algunos de los acusados, incluido él mismo.

Al rato nos dimos cuenta de que su abogada, Béatrice Zavarro, una de las personalidades más brillantes de ese juicio y que se ganó el cariño de todo el mundo rápidamente, estaba justo en el otro lado, hablando con otro letrado. Finalmente se acercó a él. Lo que quería Dominique Pelicot era hablar con ella. El violador en serie que, durante su declaración, dijo haber tenido solo dos dioses en su vida, su madre y Gisèle, buscaba la fe en la tercera, curiosamente otra mujer y probablemente la última que le quedaba y a la que podía aferrarse.

El hombre con dos caras

El martes 17 de septiembre de 2024, en su primera declaración, Dominique Pelicot empezó diciendo: «Sí, soy un violador, como todos los hombres que están en este banquillo. Pero un perverso no nace, se hace».

Una semana antes lucía el sol en la calle cuando el doctor Laurent Layet, psiquiatra criminal en el Tribunal de Nîmes, entró en la sala del de Aviñón para hacer un viaje a la oscuridad: explicar cómo se forja la personalidad de un perverso. Ese día, 10 de septiembre de 2024, iba a diseccionar el disco duro de uno de los mayores criminales sexuales de Francia. Layet había sido uno de los cuatro expertos que le entrevistó en la cárcel y durante horas expuso sus conclusiones y el relato que el acusado hizo de su propia vida.

Este relato comienza en Essonne un 27 de noviembre de 1952, en el seno de una familia disfuncional con algún episodio de incesto sin clarificar. El pequeño Dominique creció con dos modelos contrapuestos: un padre violento, autoritario y perverso que adoptó a una niña con discapacidad y de la que se sospecha que abusó (también lo hacía de la madre de Dominique) y Juliette, descrita por este último como una mujer buena y dulce, pero sometida a su marido. La infancia de Dominique y de sus dos hermanos, Ginette y Joël, basculó entre esos dos patrones.

Siendo él pequeño, con siete años, su padre consiguió un trabajo como capataz en la finca de Oublaise, en L'Indre, en el Loira, que había albergado a antiguos combatientes de guerra y después a discapacitados. Fue en los años cincuenta. Dominique «se acostumbró a estar rodeado de gente con problemas». Cuando tenía nueve años, sufrió un accidente y tuvo que ser ingresado en el hospital de Châteauroux. Aquella noche, mientras dormía, un enfermero abusó sexualmente de él. En su cabeza se quedaría grabado el «tacto asqueroso de aquel bigote». No lo contaría hasta muchos años después. La relación de Dominique con la sexualidad se inició, así, de manera muy traumática.

Nunca tuvo tampoco grandes motivaciones: no era un gran estudiante y carecía de una vocación que le obsesionara, pero se las apañaba para salir adelante. Joël, su hermano mayor, era más aplicado. Desde el principio, hubo cierta rivalidad entre ambos, pero el primero se fue pronto de esa casa problemática y él lo hizo cuando pudo. Tras vivir unos meses en casa de su hermana, a los dieciocho años, conoció a Gisèle. Empezaron a salir juntos, Dominique se independizó y empezó a construir esa vida en común que todo el mundo apreciaba. Con ella tuvo su primera experiencia sexual y ella representaba su ideal de mujer. «Lo es todo para mí», decía. Si la infancia de Dominique estuvo marcada por la agresión sexual que sufrió, su edad adulta lo estuvo por otro evento traumático: la relación extraconyugal de Gisèle con un compañero de trabajo. Él se fue de casa, estuvo con otra mujer, tuvo otras aventuras y, al final, todas se zanjaron y volvieron a estar juntos. Pero la semilla de la desconfianza había calado y ahondado en la herida narcisista de ese niño con carencias afectivas y que había conocido solo dos patrones: padre autoritario y madre sumisa.

Cuando se fueron a vivir a Mazan y Gisèle se marchaba a ver a sus hijos y nietos, se sentía abandonado. Tenía una rabia inconsciente que reabría su herida de abandono. Era entonces cuando aprovechaba para reclutar hombres, para organizar las violaciones. Sin embargo, no podía vivir sin ella; por eso, cuando llegaba a casa se deshacía en cuidados. Por eso, según el psiquiatra, se preocupaba de que ella nunca se despertase de las pesadillas a las que él mismo la sometía. Por eso lo limpiaba todo con mimo: Gisèle volvía a la posición inicial, la de la mujer idealizada. Es como el adolescente que, sin que se enteren sus padres, hace una fiesta una noche en casa y luego limpia los restos del desfase y los tira a la basura, como si no hubiera pasado nada.

Sin un historial con trastornos psiquiátricos, esquizofrenia, psicosis, neurosis ni ninguna enfermedad mental que pudiese alejarle de la realidad, la clave de su comportamiento patológico, según Laurent Layet, estaba en su historia personal y en cómo se construyó su sexualidad.

Ese día de septiembre en el que hacía sol en la calle y frío dentro de la sala, el psiquiatra Laurent Layet describió el cerebro de Dominique Pelicot como un disco duro. De la misma manera que el mecanismo de defensa de un ordenador es activar un antivirus para evitar que los virus penetren en el sistema y repararlo constantemente, el mecanismo de defensa vital de Dominique Pelicot, cómo se enfrentaba a un entorno que sentía como adverso, era la disociación. Todos estamos un poco disociados: en nosotros coexisten el ángel y el demonio, lo que queremos hacer y lo que tenemos que hacer, lo que queremos ser y lo que somos, el bien y el mal. La mayoría de las personas lidian de manera sana con esta dicotomía. Cuando eso no ocurre y una parte no conecta con la otra, hay un desdoblamiento de personalidad.

En Dominique Pelicot coexistían dos hombres contrapuestos que se fueron perfeccionado como individuos por separado. Uno negaba la realidad del otro. Eran dos funcionamientos contradictorios. Es como cuando, según el ejemplo del disco duro de Layet, entras en una plataforma de contenidos y te pregunta si quieres acceder a un perfil u otro: puedes cambiar de uno a otro, pero nunca estar al mismo tiempo en los dos. En su propio sistema, Dominique Pelicot cambiaba de botón: de la esfera pública a la privada y viceversa. En esa estructura de disociación se fue acomodando y exacerbando sus dos personalidades: el ángel y el demonio, el marido y padre perfecto y el perverso cada vez más insensible. El diálogo entre ambas personalidades era cada vez menor.

Laurent Layet se entrevistó tres veces en la cárcel con Dominique Pelicot para hacer su diagnóstico clínico, que detalló durante horas en el tribunal. La primera de ellas fue un frío día de febrero de 2021, en la prisión de Baumettes, en Marsella, una de las más intimidantes, llena de narcotraficantes. Intentó explicar quién era Dominique Pelicot y en lo que se convirtió, y sobre todo por qué. Un clima familiar incestuoso, una exposición precoz a la sexualidad, maltrato psicológico, carencias afectivas, el patrón de su padre, el sentimiento de abandono y la angustia ante la ausencia de referentes. Como consecuencia, desarrolló una fragilidad narcisista, que ejerce mecanismos de control sobre el otro para aplacarla, una inmadurez psicoafectiva y una dificultad para identificar las emociones y expresarlas. Todos esos elementos fueron construyendo una personalidad sexual perversa, que utiliza al otro para satisfacer sus propios deseos o fantasías, pero con el que tiene dificultades para empatizar, para tenerlo en cuenta como un sujeto independiente que siente y padece. Hay un proceso de desapego, de distanciamiento, en el que se aleja cada vez más.

La infancia nos determina. Lo explicó Laurent Layet sobre el caso de Dominique Pelicot. Su desviación sexual se produjo porque no tuvo las referencias adecuadas, su sexualidad se quedó instalada en lo que, siendo un niño, vio en su infancia (el modelo de sus padres, que se quedó como patrón). «Si te quedas anclado en algo que te ha marcado, se convierte en obsesivo hasta el punto de que no consideras la relación como un intercambio, sino como un medio para alcanzar la propia satisfacción egocéntrica». Así se fueron desarrollando sus fantasías sexuales recurrentes y obsesivas, que implicaban cosificar e infligir humillación y sufrimiento al otro, a Gisèle. Como su padre hizo con su madre. Los expertos que lo analizaron acordaron que tenía una personalidad manipuladora, perversa y con tendencia a mentir.

El afán de posesión, el odio fruto del rechazo, el sentimiento de abandono y la frustración ante el engaño formaban parte de un patrón que se repetía en muchos de los acusados. Todos ellos engañaban a sus parejas y tenían relaciones libertinas aquí y allá, pero nunca habían superado que una mujer hiciese lo mismo con ellos, que se apartara, los abandonara y, en definitiva, dejase de alimentar ese ego mal construido de niño herido. Esta fragilidad narcisista que arrastraban fue creciendo hasta convertirse en patológica. En el caso de Pelicot, el monstruo ocupaba cada vez más espacio y acumulaba más parafilias: somnofilia, voyerismo, sadismo, fetichismo... El doctor Layet dijo que en toda su carrera no recordaba a un hombre con tantas parafilias juntas.

En la historia de Dominique Pelicot y del desarrollo de su perversión hubo sobre todo sombras y un puñado de luces. Una de ellas fue Gisèle, ajena a toda esa oscuridad tan aberrante a la que el lorazepam no le dio acceso. A él se le acusó de ser el mayor psicópata de la historia de Francia, se le comparó con Hannibal Lecter, el caníbal interpretado por Anthony Hopkins en *El silencio de los corderos*; se le llamó manipulador, monstruo, diablo y ser diabólico. Su hija dijo de él que era el mayor depredador sexual que ha tenido el país. Dominique Pelicot jamás levantó una pestaña. Impasible, con la inclinación de la cabeza en un grado u otro, según el día, y la mano en el bastón. Era, de toda una sala con un centenar de personas y a pesar de ser el principal acusado, el que menos reactivo se mostraba. Él eligió la oscuridad; Gisèle, ajena a lo que él hacía y según ella declaró, siempre intentó «llevarlo hacia la luz».

3

GISÈLE

Amnesia

El 7 de diciembre de 2018 era su cumpleaños. Al día siguiente no recordaba cómo lo había celebrado con su marido, qué había cenado o qué había hecho. El 1 de enero de 2019 tampoco se acordaba de cómo habían celebrado ella y su marido Fin de Año, qué habían cenado o qué habían hecho. Le había pasado también fuera de su casa: en mayo de 2019, mientras estaba de vacaciones en Île de Ré en casa de su hija.

Ni ella misma sabía decir con exactitud cuándo empezaron las lagunas temporales. Quizá fue poco antes de que se trasladaran a Mazan, cuando aún vivían en la región parisina. Pero de lo que estaba segura era de que habían ido a más desde que se mudaron. Al principio no se acordaba de lo que había cenado la noche anterior, como si se hubiera quedado dormida tan profundamente que el sueño hubiese arrastrado también el recuerdo de lo que había hecho inmediatamente antes de cerrar los ojos. Poco a poco, a aquellas lagunas esporádicas de las últimas horas del día se sumaron vacíos importantes incluso de día, desvanecimientos y ausencias prolongadas, un cansancio que le impedía a veces estar serena durante el día o le hacía perder el hilo. A veces llegaba a dormir dieciocho horas, no podía despertarse por la mañana. Su hija, Caroline, declaró que había perdido la cuenta de las veces que había visto a su madre ida. Su amiga, Sylvie F., relató también que había momentos en los que parecía que estaba alcoholizada. Gisèle siempre temía que estuviera relacionado con el cáncer de su madre, que murió cuando ella tenía nueve años.

Gisèle nació en Alemania, su padre era militar y, al quedarse huérfana de madre, fue criada por su padre y por sus tías. Era fuerte, había salido adelante, era trabajadora y había logrado sortear las crisis con Dominique y construir una familia. Tenía un buen puesto en la empresa francesa de electricidad EDF, mucho más estable que el de su marido, le gustaba la música y tenía inquietudes. Cuando las lagunas temporales se volvieron más frecuentes y pensaba que iba a correr la misma suerte que su madre, se consolaba diciéndose: «La perdiste pronto, pero tú por lo menos has podido ver crecer a tus hijos y nietos».

Con sesenta años, les quedaba vida por delante, pero esos lapsus de memoria le impedían disfrutar plenamente de esa jubilación apacible en Mazan que tanto había ansiado. Ella, que siempre había tenido una memoria excelente, se quedaba en blanco y había periodos del día que luego no recordaba. Dominique era un marido atento y se preocupaba por ella, que se encontraba cada vez más cansada, había perdido peso y se le caía el pelo. Aunque Gisèle siempre trabajó fuera de casa, estuvo muy implicada en el cuidado de la familia y desde que se había mudado a Mazan, iba a menudo a ver a sus nietos a la región parisina, donde vivían sus hijos. Eso la obligaba a ir a Aviñón o a Lyon y a hacer el viaje dos o tres horas en tren hasta París. Él achacaba el cansancio a esos viajes. «Es que vuestra madre no sabe parar quieta», les decía Dominique a sus hijos tratando de minimizar el problema. Él, con una salud mucho más delicada que la de ella, normalmente se quedaba en Mazan. A veces los hijos hablaban con su madre por teléfono y su discurso no era coherente, estaba como ausente, desorientada. En ocasiones, ella ni siquiera podía hablar y era Dominique el que se ponía al teléfono. Su hija declaró que él decía a menudo: «Está muy cansada».

Los episodios no eran diarios, pero sí cada vez más frecuentes. Según ella, empezaron en 2012 y fueron agravándose. A la policía declaró, por ejemplo, no tener ningún recuerdo de los días 22 y 23 de octubre de 2020, cuando volvió de casa de su hijo. Un sábado, Gisèle se despertó a las seis de la tarde sin saber nada de la noche anterior. Aquello la perturbó profundamente, pues ella siempre había sido muy activa y no podía explicarse el hecho de «haber dormido todo el día» y haberse despertado cuando estaba a punto de caer la noche. No se acordaba ni de cuándo se había metido en la cama. Empezó a tener mucha angustia cada vez que iba que coger el tren para ir a ver a sus nietos: temía equivocarse al hacer el transbordo y acabar en medio de ninguna parte y sin recuerdos de lo que había hecho entre medias.

Un día que tenía hora en la peluquería, no se encontró bien. Recordaba haber puesto la mano en el picaporte para salir y después solo tenía un vacío. Una de sus amigas declaró que se inquietó mucho durante una llamada de teléfono: Gisèle no se acordaba de la conversación que habían tenido el día antes. Otra tarde, cuando llegaba de ver a sus nietos, Dominique le había preparado la cena, pero al día siguiente ella no tenía memoria de lo que había comido ni de lo que habían hablado antes de dormir. No recordaba haberse puesto el pijama ni haberse metido en la cama. Llevaban una vida sencilla y no entendía cómo podía olvidarse de las cosas más cotidianas. Sucedía cada vez más a menudo, Gisèle sentía que le estaban arrebatando pedazos de sus días. Sobre todo de las últimas horas: los aperitivos, las cenas o los ratos en la cama antes de dormir.

Sus hijos estaban cada vez más preocupados. Declararon que hubo un día, en mitad de una cena, en que Gisèle tenía dificultades para sostener la copa de vino que su marido le había servido. Tenía el brazo como muerto. Eso fue lo que le contaron a su madre, porque ella no se acordaba de nada. Gisèle pensaba que tenía un principio de alzhéimer o algún tipo de demencia. No podía haber otra explicación. Tenía ya más de sesenta años, no se podía descartar. Eso o un tumor cerebral, como su madre. Dominique trataba de restarle importancia a estos episodios y los achacaba siempre a la fatiga: Gisèle, siempre tan implicada con su familia, empeñada en hacer las idas y venidas a París para estar con los niños. Ella estaba convencida de que no le quedaba mucho tiempo y eso la angustiaba.

A esto se añadían los problemas ginecológicos, que se agravaban. Tuvo alguna infección y problemas que no se correspondían a su edad. Ella contó que un día, comentando la visita al especialista, Dominique le dijo, medio bromeando: «Pero ¡tú qué tipo de cosas haces durante el día!». Gisèle consultó a varios médicos y ginecólogos. Ninguno supo dar con la causa del problema. Aquella mujer tenía más de sesenta años, llevaba cuarenta con el mismo hombre y declaraba tener una vida sexual normal: con prácticas clásicas y nada fuera de lo corriente.

Por iniciativa de sus hijos, consultó a un neurólogo para descartar lo que ella se temía: cáncer o alzhéimer. El hermano de Dominique era médico y le hizo un escáner sin encontrar nada extraño. Otro médico, sin embargo, le dijo que tenía todos los síntomas: «Señora Pelicot, hay que prepararse para lo peor». Resultado negativo. En ninguna de las pruebas que se le hicieron a Gisèle Pelicot en el periodo que padeció lagunas temporales entre 2013 y 2020 le detectaron nada extraño. Y si alguno de los ginecólogos sospechó algo, no se atrevió a decirlo. Nadie pidió que se le hiciera un examen toxicológico. De cada consulta médica, Gisèle salía siempre entre aliviada y extrañada. Entonces, ¿qué es lo que tenía?

Carpentras. 12 de septiembre de 2020

El 12 de septiembre de 2020, en un centro comercial de la cadena francesa E. Leclerc en Carpentras, un pueblo cercano a Mazan, Dominique Pelicot es detenido por los guardias de seguridad después de que varias clientas le acusaran de haberlas grabado con su teléfono por debajo de la falda. Él reconoció los hechos rápidamente y lo justificó diciendo que tenía impulsos que no podía controlar. Según el sumario del caso, en ese momento llevaba encima dos teléfonos móviles, una cámara de vídeo y otra de fotos. La policía registró su domicilio en Mazan. Le incautaron un ordenador portátil, un USB y una tarjeta de una cámara de fotos. Cuando lo interrogaron, declaró que su esposa no estaba en casa porque llevaba un mes en París con sus hijos y sus nietos. Cuando ella volvió, él se lo contó entre lágrimas. Le prometió que no lo volvería a hacer y ella le perdonó: no era su estilo. Ella estaría a su lado.

Carpentras. 2 de noviembre de 2020

El lunes 2 de noviembre de 2020 llamaron a Dominique y Gisèle Pelicot de la comisaría de Carpentras por la investigación abierta tras el incidente del supermercado. Habían desayunado juntos y Gisèle acompañó a su marido, al que había perdonado el asunto de las imágenes impúdicas. Eran las nueve de la mañana cuando entró en las oficinas de la policía. Una vez allí, los agentes empezaron a hacerle preguntas sobre su marido: qué relación tenía con él, cómo se llevaban, si tenían prácticas sexuales normales, si practicaban el intercambio de parejas...

Gisèle llevaba cincuenta años con Dominique y su relación era sólida; a pesar de las crisis, siempre habían confiado el uno en el otro. Ella reconoció que Dominique quería ir un paso más allá en el terreno sexual y que había algunas prácticas a las que ella se negaba. Sobre todo, le daba aversión incorporar a más personas. Ella siempre le había marcado los límites. Los policías incidían en el terreno del libertinaje. Ella decía siempre lo mismo: «Yo siempre he sido mujer de un solo hombre».

Lo que se reproduce a continuación es una parte del final del interrogatorio, aquel 2 de noviembre de 2020.

Agente: ¿Cree usted que conoce bien a su marido?

Gisèle Pelicot: Sí, creo que sí.

Agente: Voy a tener que enseñarle algunas fotos y vídeos, así como ciertas conversaciones, que le van a impactar. Le informo de que su esposo está bajo custodia policial por hechos de violación agravada y administración de sustancias. Sospechamos que le administró, durante tiempo, Temesta (lorazepam) diluido en líquido con el fin de dormirla y que otros hombres tuvieran relaciones con usted sin su conocimiento. Disponemos de fotos y vídeos que lo acreditan. Según usted, ¿esto es posible?

GP: Estoy en estado de shock, no puede ser posible, no puedo creerlo.

Agente: ¿Nos autoriza a tomarle una muestra de pelo para hacerle un examen?

GP: Sí, acepto.

Agente: ¿Desea apoyo psicológico o médico, avisamos a alguien de su familia?

GP: Psicológico, sí. Avisen a mis amigos de Mazan, Michel y Sylvie.

Agente: ¿Desea añadir algo?

GP: Quizá tengo el sida y no lo sé... No tengo nada que añadir.

Esta es la certificación fría, firmada por los agentes, del final de la vida que Gisèle Pelicot había tenido hasta unas horas antes, cuando se había tomado el último café con su marido en su casa de Mazan.

Lo que sigue es su propia declaración ante el tribunal de cómo lo vivió el 5 de septiembre de 2024. Contó que le empezaron a mostrar fotografías en las que se veía a una mujer, semidesnuda, con diferentes hombres, sobre una cama.

Agente: Señora, ¿se reconoce en esa foto?

GP: No, no reconozco ni a esa mujer ni a la persona que está al lado.

Agente: Señora, mire bien. Es usted.

El policía le mostró varias fotos más. Gisèle tuvo que mirar varias veces. No entendía nada. Era ella: estaba en su cama, en su habitación de Mazan, inerte, y un hombre estaba a punto de violarla. No lo reconocía. Esas imágenes eran solo una gota en un océano, pero ella todavía no lo sabía. No sabía de qué le estaban hablando. Estaba en shock. Los últimos cincuenta años de los casi setenta que tenía saltaron por los aires.

Tras el incidente del supermercado, cuando revisaron los vídeos y el material informático de Pelicot, la policía realizó un segundo registro en el que se llevaron otro portátil, varios *pendrives* y una cámara Nikon con la tarjeta. Ya detenido, él mencionó la existencia de un disco duro, que los agentes no habían logrado encontrar en el primer registro, en el que había fotos y vídeos de los abusos cometidos, así como los datos y teléfonos de los implicados. Dio las indicaciones. También, guiados por él, los investigadores hallaron varias cajas de lorazepam y algunas recetas para diferentes medicamentos, entre ellos Viagra, y un análisis del VIH con resultado negativo.

El equipo de investigadores fue de sorpresa en sorpresa: el archivo de Dominique Pelicot parecía no tener fin. En el disco duro había vídeos y más vídeos, etiquetados con nombres o pseudónimos de hombres protagonistas de los actos sexuales filmados, en los que también participaba Dominique. El equipo de delitos informáticos de la Policía empezó a tirar del hilo y a intentar recuperar ficheros borrados. En total, entre encontrados y recuperados, había 3.800 imágenes y vídeos filmados aproximadamente entre 2011 y 2020. En casi todos aparecía siempre la misma mujer, de unos sesenta y pico, y normalmente en la misma posición en la cama: girada del lado izquierdo. Siempre inerte. También aparecían algunas mujeres más: en un par de fotos, una joven en ropa interior, aparentemente dormida, que identificaron como su hija. En otras imágenes, tomadas sin consentimiento, se veía a otras dos mujeres: sus nueras.

En una fría comisaría de Carpentras, un lunes de noviembre a las nueve de la mañana, los agentes tuvieron que comunicarle a la mujer que salía en todas esas fotos y vídeos que había pasado de ser una feliz jubilada a ser la víctima de una violación en masa perpetrada por su marido, autor de todos esos vídeos y fotografías, durante una década. Cada detalle que le daban los investigadores era un golpe más.

Ese 2 de noviembre, en estado de shock, Gisèle entró sola en su casa de Mazan, se armó de valor y llamó a sus hijos para contarles que su padre acababa de ser detenido por haberla drogado durante años para violarla y, a la vez, ponerla a disposición de todos los hombres que se habían prestado a ello. Aún no sabía ni cuántos habían sido. Tenían tres hijos, David, Caroline y Florien. El primero, el mayor, con cuarenta y siete años en ese momento; ella, la mediana, con cuarenta y dos; y Florien, el pequeño, con treinta y cuatro. A su hija, Caroline, le preguntó si estaba sentada: «Tu padre está detenido, me ha violado y me ha hecho violar». Su hija empezó a gritar. En su declaración al inicio del juicio, Gisèle contó cómo fue ese momento: «Lo tendré grabado para siempre en mi cabeza». Caroline tuvo que ser internada en urgencias psiquiátricas el 7 de noviembre de 2020 debido al shock postraumático. Su hijo David estaba en casa cuando su madre lo llamó: «El teléfono sonó, era mi madre, pensaba que quería saber qué tal estaban los niños. Me dijo que era grave. Pensaba que era una enfermedad, un accidente. Durante cinco minutos, escuché a mi madre al teléfono contándome lo más horrible. Cuando colgué, tenía ganas de vomitar. Al día siguiente, cogí el tren con mis hermanos para ir a Mazan. No lo olvidaré nunca. Al llegar a la estación, nos abrazamos y lloramos todo el trayecto a casa. Me encontré una mujer rota y perdida».

Tras el terremoto del primer impacto, los días posteriores había que tomar decisiones. La primera fue abandonar la casa, coger algunas cosas y llevar a Gisèle fuera de Mazan, a un lugar en el que estuviera segura. Si es que iba a poder sentirse segura ya alguna vez. Tuvieron que volver a ese chalet que iba a ser un refugio para acabar sus días Dominique y ella, pero que él había convertido en la casa de los horrores. David contó que entró con su madre y miró al despacho de su padre, donde había estado ese ordenador en el que perpetraba sus aberraciones.

En ese momento decidieron destruir todo lo que les pudiera recordar a él. A petición de Gisèle, metieron algunas prendas de Dominique Pelicot en una maleta y se las llevaron a la puerta de la cárcel.

Gisèle fue consciente de que no volvería a estar con Dominique en aquel lugar. Habían compartido el último desayuno y, cuando les convocaron a comisaría, hablaron de las compras que harían después para quitarle hierro al asunto. No sabía ni siquiera si esa última noche que pasaron juntos también la había sometido a la humillación aberrante que los agentes le habían relatado. Lo había perdido todo y no sabía cómo iba a reponerse de aquella traición por parte del hombre con quien había compartido toda su vida.

Tenía que irse y escoger qué salvaba y metía en una maleta y qué no. En caso de incendio, uno se lleva fotos de familia, cualquier recuerdo sentimental. Eso no era posible. Los álbumes de familia fueron destruidos. Gisèle rescató lo poco que pudo de cincuenta años de una vida que ella creía de amor. Cerró la puerta del que había sido su hogar y se marchó. Sin identidad.

El día 4 de noviembre la llamaron de comisaría otra vez. Dominique había entregado los medicamentos. Los escondía en unas zapatillas de tenis que guardaba en el garaje. Fue otro shock. Y era solo el comienzo.

En ese momento, Gisèle no tenía conocimiento de las fotos y los vídeos que iba a ver después.

A partir del 2 de noviembre de 2020, Gisèle Pelicot no volvió a tener ninguna ausencia ni pérdida de memoria.

Aviñón. 5 de septiembre de 2024

Entre el 5 de septiembre y el 19 de diciembre de 2024, el periodo que duró el juicio contra Dominique Pelicot, vi desfilar por el Tribunal de Aviñón a más de medio centenar de mujeres: madres, hijas, esposas, novias, hermanas, amigas o vecinas de los cincuenta acusados de haber violado a Gisèle Pelicot entre 2013 y 2020 mientras estaba inconsciente, drogada por su marido. Me llamó la atención una cosa que tenían muchas en común: la manera de llegar al atril y de agarrar el bolso. Caminaban casi de puntillas, intentando pasar desapercibidas, con un pequeño bolso cruzado en bandolera. Como si todo, ese «todo» grande que soportaban desde que el hombre por el que iban a declarar había entrado en prisión, les cupiese en ese saquito, que llevaban discretamente, sosteniéndolo en un lado con la mano, como protegiendo lo que había dentro. No llevaban bolsos grandes ni aparatosos, sino pequeños compartimentos llenos de emociones aún sin resolver, de historias rotas.

Ese gesto, que vi repetirse durante casi cuatro meses en algunas de esas mujeres, me llevaba al 5 de septiembre de 2024, el día que Gisèle Pelicot entró por la puerta del Tribunal Penal de Aviñón para relatar el momento en el que su vida se desmoronó, con unas gafas ahumadas y un bolsito al hombro, que agarraba con un aplomo delicado. La imagen me generaba una inmensa ternura, me recordaba a mi madre, a mi abuela y a algunas de mis tías, mujeres luchadoras y dignas, capaces de contener su grandeza en poco espacio. Ese día, Gisèle Pelicot iba a narrar por primera vez ante un tribunal y a puerta abierta, por decisión propia, el calvario que había comenzado el 2 de noviembre de 2020, cuatro años antes, cuando los investigadores la llamaron a comisaría para salvarla y destruirla con su revelación. Un calvario que venía de mucho antes.

Ante el tribunal, aquel 5 de septiembre, Gisèle dijo: «Nuestra relación estaba basada en la confianza, llevábamos cincuenta años juntos, éramos felices, teníamos tres hijos y siete nietos. No sé ni entiendo cómo el señor Pelicot ha podido hacerme esto». Me pareció que era la manera más sencilla y contundente de explicar a los jueces su incomprensión; la de ella y la de todos. «En todo este tiempo he sido como un boxeador, que se cae y se levanta, se cae y se levanta», dijo.

Entre 2011 y 2020 Gisèle Pelicot, aunque es difícil para los investigadores saber cuál fue el punto de partida, fue sometida a una barbarie difícil de describir si no se han visionado los vídeos que se le incautaron a su marido y que han sido pieza clave en este juicio, las pruebas irrefutables de los actos criminales. Como ella estaba inconsciente, no recuerda nada. La jueza de instrucción del caso, Gwenola Journot, declaró ante el Tribunal de Aviñón: «Al principio pensábamos que eran quince hombres [...] y luego nos dimos cuenta de que el caso era inabarcable [...] Un sumario como este nos podría haber llevado diez años, pero quisimos ser prácticos y que Dominique Pelicot pudiese ser juzgado en un plazo razonable».

Gwenola Journot consideraba la instrucción inabarcable porque se estima que fueron doscientas violaciones en un periodo de diez años con la participación de unos ochenta hombres. En los vídeos que había en los archivos informáticos de Dominique Pelicot y que se recuperaron, se individuó a ochenta y tres, pero solo se logró identificar a cincuenta, gracias a un sistema de reconocimiento facial y a los contactos que tenía en su teléfono. A muchos no se les pudo poner nombre, porque no se les veía bien en los vídeos o porque Dominique P. no los grabó.

Mucha gente se ha preguntado cómo es posible que Gisèle no se diera cuenta de nada. La respuesta está en que esos actos criminales ocurrieron en un periodo de diez años, eran espaciados y no diarios, lo que hizo que ni ella ni nadie en su entorno, ni amigos ni familia, se percatara de nada, a pesar de sus amnesias y problemas ginecológicos. Y ella siempre lo atribuía todo a una enfermedad terminal.

En los tres años que duró la instrucción de su caso, no quiso ver los vídeos de las violaciones de las que fue víctima. En el mes de mayo, cuando quedaban unos meses para el inicio del juicio, sus abogados, Stéphane Babonneau y Antoine Camus, le dijeron que tenía que verlos, al menos alguno, porque se iban a visionar en el proceso y era mejor que se enfrentara antes en las mejores condiciones posibles. Esos vídeos eran la prueba de las violaciones, esa que no tienen otras víctimas de sumisión química y que ella sí tenía. «Gracias» a ellos se supo, por ejemplo, que aquel 7 de diciembre de 2018, el sesenta y seis cumpleaños de Gisèle, ella no se acordaba de cómo lo había celebrado con su marido, no porque tuviera un principio de alzhéimer, sino porque este ya había apalabrado otro festejo muy distinto con Charly Arbo, que por entonces tenía veintitrés años. Y que tampoco recordaba cómo habían festejado el 31 de diciembre de ese mismo año, no porque tuviera un cáncer, sino porque su marido decidió que era mucho mejor pactar la velada con Andy Rodriguez, que no tenía nada mejor que hacer ese día que quedar por internet con un hombre que no conocía de nada y que le proponía un trío.

A Gisèle le llevó un tiempo atar cabos y darse cuenta de

que nunca había sufrido demencia ni alzhéimer. Para eso tuvo que ver algunas fotos y esos vídeos.

Uno de sus dos letrados, Antoine Camus, me contó: «Ella aceptó ver uno y decidimos ponerle el peor. Tras visionarlo, nos dijo que quería que el juicio no fuera a puerta cerrada, sino abierto, porque todo el mundo tenía que ver lo que habían hecho esos hombres con ella. Le dijimos que se lo pensara una semana, pues sabíamos lo que eso significaba, mediáticamente, para ella y para nosotros: entrábamos en el ojo del huracán. No esperó ni veinticuatro horas. Nos llamó esa misma noche para ratificarnos su decisión: el juicio sería a puerta abierta. De esa indignación de ver los vídeos de esas violaciones, banalizadas e impunes, salió la fuerza para decidir comparecer a cara descubierta y que todo el mundo pudiese conocer su historia».

El 5 de septiembre, antes de que los asistentes al juicio, prensa y familiares, hubiésemos visto los vídeos que no imaginábamos que íbamos a ver, Gisèle Pelicot declaró: «Fui sacrificada. Era una muñeca hinchable, una bolsa de basura. Tu cuerpo está caliente, pero eres un muerto. No son escenas sexuales, son violaciones». Ninguno de los cincuenta hombres identificados, los que acompañaron a Dominique Pelicot en esta cadena de violaciones en masa, denunció jamás aquello a la policía. «Una llamada anónima de alguno de ellos a la policía, solo una, me habría salvado. Ninguno de esos más de cincuenta hombres lo hizo».

Jacques Cubeau, Christian Lescole, Adrien Longeron, Cédric Grassot, Cyrille Delville, Cyril Beaubis, Nicolas François, Phillipe Leleu, Joseph Cocco, Jean-Luc La, Nizar Hamida, Paul Grovogui, Boris Moulin, Gregory Serviol, Karim Sebaoui, Romain Vandevelde, Thierry Parisis, Redouane Azougagh, Patrice Nicole, Ludovick Blemeur, Abdelali Dallal, Husamettin Dogan, Didier Sambuchi, Quentin Hennebert, Florian Rocca, Hugues Malago, Charly Arbo, Vincent Coullet, Mathieu Dartus, Andy Rodriguez, Cyprien Cuilleras, Saifeddine Ghabi, Simone Mekenese, Omar Douiri, Mahdi Daoudi, Fabien Sotton, Jérôme Villela, Thierry Postat, Joan Kawai, Dominique Davies, Redouane el Farihi, Mohamed Rafaa, Patrick Aaron, Jean-Marc Leloup, Cendric Venziz, Ahmed Tbarik, Philippe Leleu, Jean Tirano, Ouamou Hassan y Lionel Rodriguez. Todos ellos violentaron con total impunidad el cuerpo de Gisèle Pelicot, visiblemente inconsciente, invitados, acompañados, filmados y dirigidos por Dominique Pelicot, el hombre que llevaba cincuenta años al lado de esa mujer inerte. Ni uno solo de esos cincuenta hombres dio media vuelta al entrar en la habitación de Mazan.

El 5 de septiembre de 2024 Gisèle Pelicot declaró toda la jornada, durante horas, con sus violadores delante. De todo su relato de horror, traición y humillación, que sostuvo digna y firme, lo que más me impactó fue cuando explicó cómo aquel mes de noviembre de 2020 tuvo que escoger qué meter en una maleta de toda una vida en común: «Me encontré en una estación de tren, y lo único que me quedaba de cincuenta años de vida eran un par de maletas y un perro». Aquello me conmovió. Pensé que nos pasamos la vida construyendo y reconstruyendo —espacios, hogares, relaciones, pilares que nos sostienen— y, al final, todo lo material que representa lo intangible se reduce a una maleta.

Gisèle contó que su perro, un bulldog francés llamado Lancôme, la salvó, porque la acompañaba en los paseos silenciosos que se daba por el campo, la sostenía sin juzgarla ni pedirle explicaciones. Su hijo David declaró que a veces le preguntaba: «¿Qué haces tantas horas por ahí paseando?». Ella le respondía: «Hablo con ese hombre, le pregunto por qué me ha hecho esto». Durante sus paseos, gritaba y quería estar sola con su perro, porque era lo único que le permitía seguir con su vida. En los cuatro años que pasaron desde el inicio de la instrucción del caso y el inicio del juicio, Gisèle intentó una misión imposible: reconstruirse, saltando de una casa prestada a otra, las de sus hijos, con ese perro que, en esos primeros meses en los que quería que se la tragara la tierra, fue su mayor soporte. Al final, decidió buscar un sitio sola, una «habitación propia» para poder recomponerse.

Siempre que intento imaginar el calvario que tuvo que pasar Gisèle Pelicot los días en los que le revelaron que el marido perfecto, su compañero de vida, era un demonio, pienso en que esas dos maletas que llevó a la estación se le quedaban pequeñas, porque, en realidad, en ese bolsito discreto que llevaba cada día al tribunal le cabía mucho más: una grandeza y una dignidad que ni ella misma sabía que tenía para afrontar un proceso que ni ella misma sabía que sería capaz de soportar hasta el final, contra su marido y cincuenta hombres. Sus cincuenta y un violadores.

El día 2 de septiembre de 2024, primer día de este juicio abierto histórico en Francia, Gisèle Pelicot entró con su pequeño bolso y unas gafas ahumadas y justificó su decisión: «Quiero que este proceso sea público para que la vergüenza cambie de bando».

Aún no lo sabíamos, pero esa frase lapidaria y esa decisión cambiarían el curso del proceso. Nos cambiaría a todas y a todos. Según avanzaba el juicio y se exponían las miserias y el horror, Gisèle se fue quitando las gafas y ya no sostenía el bolso cruzado. El bolso la sostenía a ella. El día que decidió abrir su caso al mundo, Gisèle cambió esa maleta de la vergüenza por el bolsito de la dignidad. A medida que iba vaciando la primera, el segundo se iba haciendo cada vez más grande.

4

CINCUENTA HOMBRES NORMALES

Hombres corrientes, no normales

El primer día que entré en la sala de audiencia lo hice con miedo. Era un miércoles 4 de septiembre, el juicio había comenzado dos días antes. Nunca había estado en un tribunal de justicia. Nunca había tenido delante a cincuenta acusados de violación. En realidad, hasta ese día nunca había tenido delante a un acusado de violación. Aún no conocía a nadie en la sala ni a ningún periodista. Me senté en el banco destinado a la prensa y miré a mi alrededor.

En la sala del tribunal había dos espacios blindados, los boxes. En el de la izquierda, estaba Dominique Pelicot, el monstruo de Mazan, bajo custodia policial. Enseguida cambié el foco porque sentía una gran curiosidad por los otros. Esos a los que la prensa habíamos calificado de «hombres normales» porque tenían trabajos, mujeres y familias.

Una treintena de los acusados estaba en los bancos de la sala y una veintena, custodiados por policías en los dos boxes acristalados. La sala era pequeña y había muchos abogados y periodistas, así que estábamos todos apiñados. Yo tenía a algunos sentados enfrente y a otros en los bancos de al lado. Como aún no habían empezado a declarar, me fijé en su aspecto para corroborar si, efectivamente, parecían hombres normales.

Algunos vestían con chándal, desaliñados, y se tapaban con todo lo que podían: mascarillas, gorras y capuchas. A esos los denominé «los del club de la capucha». Si lo que querían era pasar desapercibidos, conseguían todo lo contrario. Entre los que no se cubrían, había algunos con buen aspecto a los que les habrías encomendado el cuidado de tus hijas o de los que habrías pensado que eran un buen novio para tu amiga. Otros, si te los hubieras encontrado en una calle de noche sola, te habrían hecho cambiar de acera. Algunos tenían pinta de abuelos entrañables a los que habrías ayudado con la compra o a subir las escaleras, y con otros habrías compartido una charla en el portal de casa. Incluso había alguno con el que te habrías tomado una copa en un bar o te habrías ido a cenar.

Todos eran vecinos, compañeros de trabajo, padres, hijos, hermanos, maridos, novios y mil cosas más de alguien. Eran emprendedores, vendedores, camioneros, informáticos, periodistas, bomberos, enfermeros... Enseguida me di cuenta de que eran hombres con vidas corrientes más que normales.

Volví a mirar a mi alrededor, como para recapitular,

porque me costaba creerlo: estaba rodeada de cincuenta hombres acusados de violación agravada en el caso de violencia sexual más importante y mediático que ha habido en Francia. Estuve toda la audiencia, unas siete horas, alucinada, como si estuviera rodeada de monstruos. En realidad, efectivamente eran los monstruos de las pesadillas de muchas, de todas esas niñas y adolescentes que crecimos con miedo a volver a casa por la noche solas, con la amenaza del «violador que espera en cada calle oscura». Eran los monstruos de esa generación de amigas que aún nos decimos: «Escríbeme cuando llegues a casa». Nunca nos inculcaron el miedo a que nos robaran el bolso, lo que nos grabaron a fuego fue el miedo a ser violadas. Precisamente porque quería entender ese miedo que hemos heredado, los miraba casi hipnotizada.

Como Dominique Pelicot, gran parte de los acusados agachaba la cabeza, se la sujetaba entre las manos o la metía entre las piernas. Si la vergüenza tiene una expresión, es sin duda esa imagen que vi repetirse, sobre todo al principio. Ese primer día todos estábamos histéricos, sobrepasados: los periodistas, ante medio centenar de acusados de violación; y ellos, frente a una treintena de periodistas, los que cabíamos en la sala.

Los hombres que iban a ser juzgados por crímenes de violación agravada y en reunión tenían entre veintidós y setenta y cuatro años cuando cometieron los delitos, tenían mujeres o parejas, hijos, trabajos normales, amigos y aficiones. Los más jóvenes del grupo habían violado a Gisèle Pelicot inconsciente a una edad en la que lo que tocaba era haber estado de bares con amigos ligando con chicas conscientes. Los más mayores, lo hicieron a una edad en la que tendrían que haber estado jugando con sus nietos.

Dijimos que eran hombres normales, pero no lo eran.

Las seis olas de arrestos

Los cincuenta acusados (que en la sala, presentes, eran cuarenta y nueve porque uno se fugó y salió del país cuando empezó la instrucción, aunque también se le juzgaba) fueron arrestados en su mayoría en seis rondas de detenciones que se produjeron entre el 9 de febrero y el 13 de octubre de 2021. Ocho meses.

El análisis por parte de la policía de los ficheros informáticos de Dominique Pelicot buscaba identificar a los autores de los actos cometidos sobre Gisèle Pelicot y sobre otras mujeres que, sospechaban a raíz de las conversaciones entre los hombres, podrían haber sido víctimas de los mismos delitos. A partir del análisis de los vídeos, las fotografías y las conversaciones registradas en los archivos de Dominique Pelicot, se identificó a 83 personas, de las cuales 72 eran susceptibles de haber cometido actos sobre la víctima y 11 eran contactos que habían manifestado su interés y predisposición para violarla a ella o a otras mujeres. Los investigadores establecieron una línea cronológica. Al principio, contabilizaron 92 actos sexuales cometidos por ellos entre julio de 2011 y octubre de 2020 (luego se estimó que fueron 200). Algunos habían acudido varias veces a Mazan.

La comisaría de Carpentras no estaba preparada para una ola de arrestos semejante. Se decidió espaciar y proceder por grupos porque eran tantos los implicados que hubieran colapsado la comisaría, no hubieran tenido donde acomodarlos sin correr el riesgo de que hablaran en el calabozo y no había tantos agentes para interrogarlos. Además, muchos vivían en Mazan, Carpentras, Aviñón o en pueblos cercanos, donde se conoce todo el mundo. Las detenciones masivas habrían puesto en alerta al resto.

La primera ronda de detenciones se llevó a cabo el 9 de febrero de 2021. Se arrestó a ocho hombres. Entre ellos, estaba Christian Lescole, Chris el Bombero, que había estado en la casa de Mazan dos años antes, un 19 de enero de 2019. En el momento del arresto tenía dos hijas, se estaba separando de la madre de ambas y tenía una relación con otra mujer. Era bombero y se conectaba a la web coco.fr durante sus horas de trabajo para no levantar las sospechas de su pareja. Practicaba el libertinaje. En su primera declaración a la policía, dijo haber tenido una decena de relaciones de ese tipo, con parejas, concertadas siempre a través de este tipo de páginas web ante la falta de relaciones sexuales con la suya. En esa misma primera declaración, negó haber cometido una violación, a pesar del evidente estado de inconsciencia de Gisèle Pelicot. En su segunda declaración bajo custodia policial, que cambió, reconoció que estaba al corriente de que Dominique Pelicot le administraba somníferos a su mujer y añadió que este le dijo que ya lo habían hecho otros. Declaró que en principio no quiso hacerlo, pero que siguió hablando con Dominique P. para intentar convencerlo de mantener otro tipo de encuentro. La policía registró el domicilio de Christian Lescole y requisó su material informático. Su pareja en ese momento dijo a la policía estar muy sorprendida de su detención, pues Christian L. era un hombre «muy respetuoso con las mujeres». En su declaración ante la jueza de instrucción, este cambió su primera versión y también la segunda y negó haber estado al corriente del estado de inconsciencia de la víctima; dijo que Dominique Pelicot le había dicho que eran una pareja que practicaba el libertinaje y que era ella misma la que tomaba los somníferos para no tener que ver a los hombres con los que su marido y ella iban a tener relaciones. En el ordenador de Christian Lescole los investigadores encontraron algunas fotografías de carácter pedófilo. Él declaró que se trataba de descargas involuntarias y que, además, usaba el ordenador en su lugar de trabajo, así que podían haber sido otros.

En aquella primera ola de detenciones del 9 de febrero de 2021 se arrestó a otros siete hombres más. Entre los pioneros del sumario judicial estaba Charly Arbo, otro hombre «corriente» y también el más joven de todos: tenía veintidós años cuando fue, el 20 de enero de 2016, por primera vez a casa de Dominique y Gisèle Pelicot. No fue la única visita. Estaba entre el grupo de los acusados que más habían repetido: acudió un total de seis veces entre 2016 y 2020. Violó a Gisèle Pelicot con veintidós, con veinticuatro y con veintiséis años.

La segunda ola de detenciones se llevó a cabo el 23 de

marzo de 2021, un mes después. Se interrogó a diez hombres más. Uno de ellos fue Jean Pierre Herlem, que nunca llegó a declarar. Cuando la policía fue a detenerlo a su domicilio, su esposa comunicó a los agentes que había fallecido dos semanas antes de un cáncer.

Entre los detenidos de esa segunda ronda estaba Quentin Hennebert, que violó a Gisèle Pelicot el 29 de noviembre de 2019. Hennebert es uno de los hombres que peor nos caía a la prensa. Algunas de nosotras habíamos hecho nuestro propio ranking extrajudicial. Hennebert tenía aspecto de matón, había trabajado como guardia de seguridad en la cárcel de Pontet, donde paradójicamente luego cumpliría condena, y, después de cumplir la prisión preventiva, ya en libertad condicional, trabajó como conductor de ambulancias. Había vendido drogas a otro de los acusados, vía coco.fr, esa web libertina que los conectó a todos con Dominique Pelicot. Este declaró que, en la visita a su casa, tuvo que «reconducirlo» porque su comportamiento estaba en el límite de la violencia. La declaración de Pelicot constataba esa primera impresión que tuvimos: Quentin Hennebert parecía un matón.

La tercera ronda de detenciones se ejecutó el 13 de abril de 2021, un mes más tarde. Se sumaron cinco hombres. Entre ellos estaba Fabien Sotton. Cuando los agentes fueron a buscarle, se escondía en la habitación de una de las hijas de su pareja, ayudado por esta. Violó a Gisèle Pelicot en la noche del 18 de agosto de 2018. Él dijo haber estado quince minutos en la habitación de Mazan. Según el vídeo filmado por Pelicot, estuvo entre las 22.13 y medianoche. Fabien

Sotton declaró a los investigadores haber sido violado cuando tenía doce años por el padre de su familia de acogida.

En la cuarta ronda, muy productiva, se había programado el arresto de una decena de hombres más; fue el 22 de junio de ese año. Detuvieron, entre otros, a Vincent Coullet, alias Vincent en coco.fr. Tenía treinta años cuando acudió a Mazan la primera vez, el 27 de octubre de 2019. Volvió tres meses más tarde, el 11 de enero del año siguiente. Estaba entre los contactos bloqueados de Dominique Pelicot. En el interrogatorio, alegó que, las dos veces, pensó que era una fantasía del matrimonio. Su expareja, que fue interrogada, lo describió como un hombre «celoso y violento».

El 28 de septiembre de 2021 se ejecutó la quinta ronda de detenciones, arrestaron a nueve hombres más, entre ellos Andy Rodriguez, alias Micha. Este pasó el Fin de Año en la habitación de Mazan, la noche del 31 de diciembre de 2018 al 1 de enero de 2019. La sexta y última ronda se llevó a cabo el 13 de octubre de 2021, y se detuvo a cuatro hombres. Después hubo más detenciones. En total se interrogó a cuarenta y nueve hombres, pues uno de los que se logró identificar, Ouamou Hassan, estaba huido. Los investigadores no lo localizaron en su domicilio, y cuando lograron hablar con él, en septiembre de 2021, este dijo que se encontraba en Marruecos y que no tenía la intención de volver a Francia.

Dominique Pelicot no tuvo escrúpulos ni con las fechas señaladas ni con los espacios íntimos. Los delitos se cometieron mayoritariamente en su casa en Mazan, pero también en Saint-Rémy-lès-Chevreuse, localidad en las afueras de París, donde vivía la hija de los Pelicot, Caroline

Darian, y en Île de Ré, donde veraneaban esta y su marido. Lo que más me llamaba la atención era la concentración de tantos «hombres normales» dispuestos a abusar de una mujer inconsciente en un mismo punto del mapa: la región de Vaucluse. La mayoría vivía en ciudades pequeñas, como Aviñón, o pueblos, como Mazan o Carpentras, a pocos kilómetros unos de otros. Los cincuenta implicados vivían en un radio de cincuenta kilómetros.

El nivel educativo de los acusados era medio-bajo, solo unos pocos tenían el equivalente en Francia a una carrera universitaria. La inteligencia de esos hombres, según los psicólogos y psiquiatras que los analizaron, estaba en la media, «funcional». Estaban dentro de la masa, ni muy listos ni muy tontos. Uno de ellos, Adrien Longeron, que siempre percibí como de los más inquietantes, sí mostraba un nivel por encima de la media. Los abogados de unos cuantos trataron de construir sus argumentos de defensa sobre la base de que sus clientes no tenían muchas luces y, por ello, fueron fácilmente manipulados por Dominique Pelicot. Cuando eso ocurría, me parecía extremadamente violento escuchar a alguien que supuestamente está defendiendo a otra persona argumentar su debilidad intelectual como excusa para eximirla del delito cometido.

La mayoría de esos hombres crecieron en familias disfuncionales y construyeron ellos también familias disfuncionales: separados tras infidelidades, con hijos de varias mujeres a los que no veían o veían poco. Tres de los acusados habían perdido a un hijo. Muchos habían tenido relaciones conflictivas con sus parejas, en algunos casos con episodios de violencia física, o rupturas que los habían llevado a alcoholizarse. Había una decena, de los cincuenta, que habían sido víctimas de abusos sexuales, incesto o maltrato físico y psicológico persistente en la infancia.

Los informes de los psicólogos y psiquiatras que analizaron a estos hombres durante sus detenciones eran muy esclarecedores, pues ponían de manifiesto que compartían algunos rasgos de personalidad con Dominique Pelicot: un trastorno narcisista que tenía su origen en sus infancias disfuncionales, donde no hubo afecto y sí carencias. Como consecuencia de ello, desarrollaron también un egocentrismo patológico: como si el niño que no recibió atención se cobrase venganza. Sus mecanismos de defensa para afrontar los conflictos de la vida se habían desarrollado teniendo en cuenta todas esas fragilidades en la construcción de la personalidad. Muchos tenían trastorno límite (impulsivos, con reacciones extremas) o antisocial, poca capacidad de empatía y eran heteroagresivos, es decir, con tendencia a desarrollar conductas agresivas hacia los demás cuando se sentían amenazados. Así, con estos patrones, afrontaban la angustia, la soledad, el miedo al abandono y el vacío interno.

Algunos cayeron en las adicciones, como el alcoholismo o las drogas, y añadieron otra: el sexo. En muchos había una sexualidad no satisfecha con sus parejas a la que intentaron dar salida a través de páginas web de citas o libertinaje como coco.fr, donde no había filtros. A los que tenían pareja, esta adicción les generó un conflicto doméstico que acabó en ruptura, que, a su vez, les hizo refugiarse aún más en esas adicciones con las que escapaban de sus problemas. El círculo vicioso se hizo cada vez más grande y quedaron atrapados.

La frustración, la angustia, la soledad, el miedo al abandono o al rechazo, la rabia, el despecho... Todas esas emociones universales eran lo que hacían «normales» a esos cincuenta hombres. Es la manera inhumana que tuvieron de darle salida a esos rasgos de humanidad lo que nos diferenciaba. Antes de su detención, algunos huían hacia adelante o no sabían ni siquiera hacia dónde huían. Otros sobrevivían.

En ese caldo de cultivo —una educación pobre, familias disfuncionales, personalidades extremas con emociones mal gestionadas, entorno machista donde la mujer es un objeto de cambio o propiedad del marido— se coció un ejército de hombres que Pelicot reclutó sin tener que esforzarse mucho, a veces a golpe de clic, de una mañana para la tarde del mismo día. Dominique Pelicot nunca se habría sentado en ese banquillo como principal acusado del mayor caso de violencia sexual de Francia si no hubiera tenido de su lado a todos esos «hombres normales», y esos hombres normales no habrían declarado en el mayor caso de violencia sexual de Francia sin Dominique Pelicot. Ninguno se hizo preguntas en aquella habitación de Mazan, porque siempre habían vivido instalados en esa visión anacrónica de la mujer. Cada uno de ellos, uno a uno, de manera individual, contribuyeron a nutrir al monstruo de Mazan.

Debido a la magnitud de la causa, hubo que distribuirlos en ocho grupos, a razón de uno por semana, de las nueve que duraron los interrogatorios. Los lunes y martes, los psiquiatras y psicólogos presentaban los informes y las conclusiones a las que habían llegado tras sus peritajes y entrevistas a los acusados. Era la parte que más me interesaba. Se exponía la vida del hombre en cuestión, los eventos que podían haberle marcado y los motivos que, según los expertos, podrían haberle empujado a cometer el delito. También declaraban los testigos, en general a petición de los implicados. Solía tratarse de sus madres, hermanas, parejas o amigos. Hacia finales de la semana, se interrogaba a los acusados, primero sobre su vida y luego sobre los hechos. En función de todo ello, en un intento por tratar de entender, yo los clasifiqué por categorías, porque había algunos que tenían cosas en común. Hubo cuatro categorías que me dieron más respuestas que otras.

Los violados

Tras el análisis de los ficheros informáticos de Dominique Pelicot, los investigadores procedieron a la identificación del individuo apodado como Marc de Carpentras, a quien, a la vista de los vídeos extraídos del disco externo de Pelicot, se le podían imputar una serie de seis secuencias de actos sexuales. En los vídeos, Marc de Carpentras realizaba diversas penetraciones, siempre sin preservativo. Los investigadores hallaron un contacto telefónico de Dominique Pelicot guardado como «Marc bici» que correspondía a un hombre llamado Jean Marie Vandevelde, que más tarde se supo que era conocido como Romain Vandevelde. Se detectaron más de quinientas llamadas telefónicas entre ambos entre el 8 de enero y el 8 de septiembre de 2020. Romain Vandevelde fue arrestado el 28 de septiembre de 2021, en la quinta ola de detenciones, acusado de un crimen de violación.

Se sospechaba que Romain Vandevelde era hijo de su abuelo y, en palabras de su abogado, toda su vida le trataron como a una silla. Estos dos datos biográficos eran la base del argumentario con el que trataban de explicar qué lo había llevado a ir a casa de Dominique Pelicot las noches del 8 y del 13 de diciembre de 2019 y las del 24 de febrero, 15 de marzo, 26 de mayo y 9 de junio de 2020. Seis veces. Le trataron tan mal que incluso se cambió de nombre. Se llamaba Jean Marie, como su padre «oficial», el marido de su madre, un hombre violento que lo maltrataba, lo dejaba encerrado en un armario en el trastero y traía a amigos a casa para que abusaran de él con la complicidad de su madre. Decidió, con treinta y cuatro años, que no quería llamarse como él.

Según la evaluación de la psicóloga, en su infancia, el amor y el cuidado fueron sustituidos por el maltrato, la crueldad y la violencia, física, sexual y psicológica. Su entorno familiar era incestuoso, «extremadamente precario y violento», tanto para él como para sus hermanos. Nadie nunca le consoló cuando volvía del colegio tras haber sido insultado, porque donde lo insultaban era en casa. Por supuesto, nadie nunca le dijo te quiero.

Ese patrón se llevaba transmitiendo de generación en generación: de su abuelo, que, según todos los testigos interrogados, tuvo relaciones con su hija, a los hijos y los nietos. La psicóloga declaró: «El acusado no vivía, sobrevivía». Romain Vandevelde y sus hermanos estaban expuestos a situaciones de extrema crueldad. Fue ofrecido para que abusaran de él de la misma manera que Dominique Pelicot había ofrecido a su mujer a todos los hombres que entraron en coco.fr y hablaron con él, cuyo número se desconoce. Por tanto, sin siquiera haberle escuchado, uno ya podía imaginarse por qué Romain Vandevelde no se hizo pregunta alguna cuando fue a casa de Dominique Pelicot. Durante esa infancia tenebrosa, algún vecino presentó una denuncia anónima, pero nadie hizo nada. El único hombre en el que llegó a confiar en algún momento fue un cura, que también lo violó. En ese hogar que nunca mereció ese nombre, no se definieron barreras ni límites y, en ese esquema de confusión extrema (su abuelo era su padre), Jean Marie, antes de cambiarse el nombre, construyó su personalidad: inseguro, frágil, vulnerable y con dificultades para empatizar, con un nivel de inmadurez afectiva y un profundo sentimiento de soledad. En diciembre de 2024, cuando la fiscal del juicio leía la petición de pena para él (dieciocho años de cárcel, dos menos que a Dominique Pelicot) declaró: «El caso de Romain Vandevelde es un claro ejemplo de fracaso del sistema de protección de menores en Francia».

El 6 de noviembre de 2024 Romain Vandevelde compareció ante el tribunal como lo que siempre había creído que era: una silla. Tenía el pelo blanco, aspecto frágil y la mirada perdida. Estaba en el box blindado, el de Pelicot, tenía la cabeza gacha y llevaba puesta una mascarilla. Siempre me dio la impresión de que no era para ocultar su vergüenza, sino más bien su tristeza. Es de los acusados a los que habrías ayudado a llevar la compra si te lo hubieras encontrado en el portal de casa. A sus sesenta y cuatro años, no tenía pareja, hijos, ni relaciones sólidas, salvo la que tenía con sus hermanos. Tampoco antecedentes.

Cuando el presidente del tribunal, Roger Arata, le preguntó si reconocía los actos de los que se le acusaba, Romain Vandevelde declaró: «Reconozco los hechos materiales, pero no la intención; yo fui a la web coco.fr para buscar vínculos sociales».

Roger Arata: Pero ya en Mazan, ¿usted intentó obtener el consentimiento de la señora Pelicot?

Romain Vandevelde: No, porque confié en su marido. Yo tenía la autorización de su marido.

Este argumento, el del consentimiento a través de un tercero, lo repitieron gran parte de los acusados. Algunos, cuando se les hablaba de consentimiento, ponían cara de incomprensión, como si les estuviesen hablando de física cuántica. Sobre la reiteración de sus actos, Romain Vandevelde declaró: «Yo buscaba vínculos sociales, podríamos haber ido al cine, al teatro, a pasear… A mí me habría hecho feliz eso. Fui seis veces hasta que me di cuenta de que eso no era lo que yo buscaba».

Romain V. es de los pocos con los que Dominique Pelicot se citó fuera de su casa para que viera a su mujer antes. Fue en un supermercado. Su declaración despertaba, como muchas, un profundo sentimiento de impotencia. Más allá de sus terribles circunstancias personales, en sus palabras, por encima de todas las cosas, lo que había era egocentrismo, victimismo y negación. En los intentos por entender o buscar respuestas, a menudo te estrellabas contra un muro.

Como cuando el abogado de Gisèle Pelicot, Stéphane Babonneau, le dijo: «La razón por la que me resulta tan difícil abordar los actos que le conciernen es porque hay tantos elementos, tantas escenas, tantos vídeos, que su posicionamiento para mí es incomprensible, porque esos vídeos no tienen otro calificativo que el de violación. Gisèle Pelicot está presente, detrás de mí, en esta sala, usted tiene la posibilidad de reconocer que la violó, porque quizá es la última oportunidad que tiene para poder hacerlo. En muchos vídeos se ve claramente que ella parece que va a despertarse y usted entra en pánico. Para ella sería un alivio que reconociera los actos».

Romain Vandevelde respondió, impasible: «No lo reconozco, porque yo fui manipulado por el señor Pelicot. Si él me hubiese dicho que yo iba a violar a su mujer, le habría dicho que no».

La violencia de esta frase en las antípodas de la empatía era enorme, mucho mayor que la que había podido sentir unos minutos antes visualizando los vídeos de las violaciones que él cometió.

Vandevelde fue descrito por la psicóloga como una persona manipuladora, egocéntrica, con una capacidad de abstracción reducida, un nivel intelectual medio-bajo y una eterna postura victimista. El agravante que tenía Romain Vandevelde, además de la reiteración de los delitos, es que contrajo el VIH en 2004, pero no se comportaba como portador, sino que violó a Gisèle Pelicot sin protección a pesar de ser conocedor de su enfermedad.

Su abogado, que se puso a llorar mientras contaba la trágica vida de Jean Marie, el niño, para justificar por qué Romain, el adulto, se había convertido en Marc de Carpentras, el violador, cayó en lo mismo que todos: le trató como a una silla. «Buscaba pan por la calle porque en su casa eran tratados como animales, como muebles. En su infancia fue tratado como un objeto. Niño objeto y adulto objeto y, por eso, Dominique Pelicot usó a Romain Vandevelde en aquella habitación de Mazan. ¿Vamos a condenar a esta silla a dieciocho años de cárcel?», preguntó al tribunal mientras miraba la silla de al lado. Romain fue tratado como un idiota por su entorno, y su propio abogado, cuando argumentaba su defensa, lo trató como tal. Resguardado detrás de sus gafas de ver y la mascarilla, mientras escuchaba, este hombre de tres nombres, Jean Marie, Romain y Marc, lloraba desconsoladamente.

Más de una decena de los cincuenta acusados de Mazan fueron víctimas de violencia sexual, incesto o abusos durante su infancia o adolescencia, y desarrollaron patrones de comportamiento similares, como la falta de empatía o el narcisismo.

Los discípulos

En los archivos de Dominique Pelicot, los investigadores encontraron un fichero titulado «Noche del 3-10-17 con Marc Isle». Los vídeos incluidos en dicha carpeta mostraban actos sexuales cometidos sobre la persona de Gisèle Pelicot. La comparación de la fotografía del carné de identidad del autor, que ya estaba fichado, con las imágenes extraídas de los vídeos de las violaciones, así como el hecho de que su número apareciese entre los contactos bloqueados del teléfono de Dominique Pelicot, permitieron identificar formalmente a Cédric Grassot como autor de los actos. Interrogado el 14 de septiembre de 2022, fue puesto bajo custodia policial. Los investigadores sospechaban, por las conversaciones analizadas, que hizo lo propio también con alguna mujer de su entorno, así que procedieron a interrogar a Anne-Lise D., la que era entonces pareja de Grassot. Testificó a la policía que este había difundido fotos sexuales suyas en internet sin su consentimiento y que lo denunció por ello. El acusado admitió que estuvo a punto de drogarla para replicar el método y ofrecérsela a Pelicot, pero que no lo hizo.

El 6 de noviembre de 2024, ante los cinco jueces del Tribunal de Aviñón, Cédric Grassot, un hombre alto, canoso, de cincuenta años y buena apariencia, se acercó al micrófono, empezó a hablar e hipnotizó a todo el mundo con su discurso, osado y teatral. «Antes de nada, me permito matizar las palabras de la mujer que testificó ayer. Discuto la veracidad de algunas de sus declaraciones. Ella no ha sido ni será mi pareja. Creo que hay cierto rencor y odio, absolutamente legítimo por su parte». Se refería a una mujer, Cindy N., con la que el implicado había tenido relaciones esporádicas y que había declarado el día anterior para narrar las vejaciones que sufrió a su lado. Ninguno de los acusados se había atrevido hasta entonces a cuestionar la versión de los testigos, menos aún el testimonio de sus exparejas. Con aquella declaración de intenciones, ya entendimos que el relato de la vida y actos de Cédric Grassot prometía. Hasta el día que le tocó declarar nadie había reparado en él, pues no pertenecía al club de la capucha y no miraba desafiante a nadie. Era discreto, de los que parecían más «normales».

Tardó exactamente treinta segundos en envolvernos con su elocuencia, su énfasis y su dramatismo. Admitió la hecatombe de una vida, la suya, llena de delitos, violencia y perversión, y lo resumió de manera brillante: «Toda mi vida ha sido un hundimiento». La historia de Cédric Grassot se torció en un momento y empezó a naufragar hasta que no hubo marcha atrás. Creció en lo que él calificó como «una familia proletaria», sin carencias pero sin abundancia ni excesos. Como era el pequeño de una familia de cuatro, era el mimado, estudió en colegios privados y «como hombre, tenía más privilegios que sus hermanas».

Con su primera relación sentimental, llegó su primer problema con la justicia. Cédric Grassot puso el broche al primer amor con una condena de seis meses por maltrato. «Todo fue mal, había mucha violencia y acabó con violencia», admitió. «Fue un golpe duro, porque acabó con todo lo que tenía: perdí el trabajo por culpa de esa etiqueta de hombre agresivo. Tuve que volver a casa de mis padres, para mí fue un fracaso. Fue terrible».

Era padre de una niña que nació en 2009 y con la que no tenía contacto porque acabó como el rosario de la aurora con su madre, como con todas sus parejas anteriores, en realidad. «Mi vida ha estado llena de adulterios. Cuando la niña nació, yo ya estaba con otra, mi pareja se enteró y no quiso que la viera más. Tampoco hice nada para recuperarla, para mí era una carga. Discúlpenme si mis declaraciones son sorprendentes, pero es por ese motivo que nunca acudí a la justicia para recuperarla». Trufaba su relato con disculpas al tribunal, al que creía estar dejando atónito con su sinceridad y al reconocer todo su historial de violencia.

Como otros tantos en la sala, había sufrido también agresiones sexuales. Fue por parte de un tío, cuando tenía trece años. «Me cuesta usar la palabra violación. Hablo más de agresión sexual, para mí hablar de mi sexualidad es complicado porque no tengo una noción de sexualidad». Ante la jueza de instrucción, declaró que los abusos sufridos habían marcado profundamente su identidad sexual y habían contribuido a hacer caer ciertas barreras: las que marcan el límite entre la transgresión y el delito. El sexo «era un refugio en periodos problemáticos de su vida».

Su discurso hipnotizaba porque, aunque teatralizaba, no ponía paños calientes y hablaba con crudeza, parecía que hubiese estado haciendo un profundo trabajo de introspección, analizando los actos cometidos para tratar de darles una explicación. Hablaba de las agresiones que él había sufrido y de las que él había cometido, admitía que había pegado, violado y que su hija era una carga, como si estuviese exponiendo una tesis, meditada y trabajada durante tiempo. No sabías si era sincero o es que retratarse a él mismo como un criminal engordaba su narcisismo. Fuese por un motivo u otro, Grassot hizo una cosa que no había hecho la mayoría de los acusados antes: admitir claramente sus delitos y no caer en la negación ni echarle la culpa de sus propios actos a Pelicot. Después de haber visto desfilar a hombres considerándose víctimas de las violaciones cometidas por ellos mismos sobre Gisèle Pelicot, daba cierto alivio.

Los investigadores hallaron en el ordenador de Cédric Grassot 61 imágenes borradas, algunas de mujeres dormidas o inconscientes no identificadas y fotomontajes de sus compañeras, con sus datos personales, número de teléfono e incluso fotografías de su lugar de trabajo, en las que las vendía como «putas de web». También se encontraron quince vídeos de carácter pedófilo. Grassot reconoció todo lo anterior y admitió haber contactado con Dominique Pelicot y estar al corriente de que este drogaba a su mujer y la ofrecía a otros hombres. Además, contó que estuvo a punto de replicar el método Pelicot con su pareja de entonces.

Si el resto de los acusados decían haber sido manipulados por Pelicot, él presumió de haber tenido una relación más de maestro-discípulo. «Un perverso sabe reconocer a un perverso», dijo refiriéndose a Dominique Pelicot. En su turno de réplica, el acusado principal de la causa cuestionó las declaraciones del discípulo y dudó que él hubiese sido verdaderamente el maestro, entrando en un debate sobre quién estaba más alto en la escala de perversidad. «Él tiene mucha más perversidad que yo. Me queda aún mucho camino para cogerle», dijo Pelicot.

Al final de su declaración Cédric Grassot pidió perdón. Se giró hacia Gisèle y le dijo, con esa elocuencia y dramatismo que nos había tenido enganchados a todos: «Señora Pelicot, yo he sido su violador, soy yo quien debe soportar la vergüenza. Yo he sido su verdugo». Gisèle Pelicot, en una de las pocas ocasiones que lo hizo, miró a la cara al acusado.

Grassot no fue el único al que Dominique Pelicot instruyó en su método. Había otros acusados, como Jean Pierre Marechal o Charly Arbo. En las conversaciones con este último, el benjamín del grupo decía que lo haría con su madre, aunque nunca lo ejecutó y se deshizo del lorazepam que Pelicot le había dado. Jean Pierre Marechal era el caso curioso de este proceso, pues era en realidad el único de los violadores que no estuvo jamás en la habitación de Mazan, no tocó a Gisèle. Comparecía, pero por haber violado a su propia mujer, inconsciente también, con la complicidad y la participación de Dominique Pelicot.

Los niños bien

El análisis del material informático requisado a Dominique Pelicot permitió el acceso a una carpeta llamada «14 de marzo 2014, Steph». Los ficheros mostraban escenas sexuales cometidas sobre Gisèle Pelicot el 14 de marzo de 2014, entre las 12.36 y las 13.05 del mediodía, por un individuo al que correspondería el pseudónimo Steph y por Dominique Pelicot. El primero realizaba tocamientos, tentativas de penetración de la víctima inconsciente y una penetración bucal. El sistema de reconocimiento facial de la policía permitió identificarle, con un 89 por ciento de probabilidad, como Adrien Longeron. Cuando la policía fue a buscarlo, en la cuarta ola de detenciones de junio de 2021, se encontró con que ya estaba cumpliendo condena en la cárcel de Pontet (Aviñón) desde hacía varios meses por otra causa.

Adrien Longeron era una anomalía en esa sala del Tribunal de Aviñón y, a la vez, era la no anomalía. Fue uno de los que me dieron más miedo precisamente por la normalidad que destilaba. Estaba dentro del box de los detenidos. Alto, buena planta y bien vestido, con pinta de educado, era de los más jóvenes. Me pregunté de inmediato qué habría llevado a ese hombre, un chico de veintitrés años en el momento de los hechos, a acabar en la casa de Dominique Pelicot en Mazan para violar a una mujer de sesenta años. Adrien L. había crecido en una familia unida, sus padres formaban un matrimonio ejemplar y nunca le faltó nada. Era de los pocos en aquella sala que sí podía decir que había crecido en un hogar de verdad. Precisamente allí, en esa comodidad y ante ese modelo de perfección, el lado oscuro se fue haciendo fuerte y se fue apoderando de la luz, la que su madre y su hermana dijeron que siempre tuvo.

La mayoría de los acusados sufrieron un hecho relevante en sus vidas que fue traumático, no pudieron superarlo y eso abrió una caja de truenos que ya no pudieron o supieron cerrar y que desencadenó un declive que propició sus adicciones o delitos. En el caso de Adrien L. fueron dos y de ambos contó poco. Declaró que sufrió un episodio de abusos por parte de un primo, aunque no quiso hablar de ello. El otro fue el embarazo de su novia cuando él tenía dieciocho años. Ambos decidieron seguir adelante, en contra de la voluntad de los padres de él, que consideraban que eran muy jóvenes. Sin embargo, le apoyaron. Los acogieron en casa y Adrien, que estudiaba en Marsella, iba y venía a diario a Carpentras, donde vivían todos. Adrien estuvo presente en el parto y se volcó en la crianza de la pequeña, aunque él era aún un crío. Su familia, que siempre quiso al bebé, comenzó a insistirle para que se hiciese una prueba de paternidad. Cuando la niña tenía tres años, se la hizo y descubrió que no era el padre biológico. Este engaño le marcó y desarrolló un «odio a las mujeres», según sus propias palabras. Esa niña murió en 2020, durante el juicio no se explicó en qué circunstancias. Tras aquella primera separación, salió con otra mujer, con la que tuvo otro hijo. Según declaró esta última a la policía, cada vez que una situación no salía como él quería, «se sentía desbordado y adoptaba actitudes violentas». Adrien L. empezó a trabajar en la empresa de su padre, «trabajaba y trabajaba, por la noche me iba de fiesta y veía a chicas... Tuve una vida entre los veinte y los treinta que era catastrófica, teníamos unos padres que nos querían tanto a mí como a mi hermana... Yo lo tenía todo. El tener demasiado fue demasiado: lo tenía todo, pero nada por mí mismo y no he escogido el buen camino».

Los psicólogos no detectaron en Longeron una perversión sexual, pero sí de tipo social, probablemente provocada por el abuso sexual, el descubrimiento de su no paternidad y la sobreprotección de sus padres. Su nivel de inteligencia era medio alto, por encima del resto de los acusados. Separaba la esfera sexual de la afectiva: con sus parejas tenía una relación clásica, para dar luego rienda suelta a sus fantasías con sus amantes. A su favor tenía que, a diferencia del resto, no tenía adicciones y contaba con el apoyo de su familia; sus posibilidades de reinserción eran mucho más altas. Según su informe psiquiátrico: presentaba una personalidad patológica de tipo narcisista, con perfil perverso, aunque sin patologías mentales que le impidieran el discernimiento en el momento de los actos. También detectaron ausencia de empatía y posición victimista, aunque tenía un discurso ambivalente: su narciso le impedía posicionarse como autor de una violación, pero sí era capaz de entender el sufrimiento de la víctima. Su perfil criminal era considerado elevado por sus antecedentes por delitos de violencia y violación contra varias exparejas.

El 22 de junio de 2021, cuando cumplía condena por uno de estos cargos, casualidades del destino, compartió célula en la cárcel con Dominique Pelicot, aunque, curiosamente, a pesar de que habían compartido cama y víctima, no se reconocieron el uno al otro. Habían pasado siete años. Pelicot le dijo que se encontraba allí por un caso de desvío de fondos. En el tribunal compareció como detenido, pero por el delito previo. Durante su declaración y teniendo en cuenta su alto nivel intelectual, se habrían esperado de Adrien L. afirmaciones un poco más elaboradas. Sin embargo, el niño listo del box, el que a veces miraba con desdén al resto, dijo lo mismo que los otros: que «como su marido estaba presente, no había violación», pues el marido dio el consentimiento. Se permitió, eso sí, un requiebro que nos dejó con la boca abierta: afirmó que se había sentido un trozo de carne en aquella habitación de Mazan y por eso decidió no volver.

Las respuestas a parte de las preguntas que me hacía sobre Adrien L. me las dieron la declaración de su hermana y la de él mismo. La abogada de él preguntó: «Señora L., usted conoce a su hermano mejor que sus padres, ¿qué imagen tiene su hermano de sí mismo? ¿Se quiere?». A lo que ella respondió: «No se quiere. Tiene un gran malestar».

La abogada de Dominique Pelicot, Béatrice Zavarro, le preguntó a Adrien Longeron si consideraba que su enemigo eran las mujeres. «Mi peor enemigo soy yo. Si estoy aquí, es por mi culpa».

Antes de salir de la sala, su hermana dijo que había tenido una niña y que no la bautizaría hasta que su hermano pudiese acudir. Salió de la sala hecha un mar de lágrimas y su hermano le dedicó una sonrisa, apenas emocionado, como agradeciéndole el gesto.

Ya entendía por qué ese niño bien, el que tuvo todo y podía haber tenido casi todo, empezó siendo una anomalía en ese grupo y acabó encajando en el puzle. En los gestos de Adrien Longeron, cuando agachaba la cabeza y la apoyaba sobre los puños, o la reposaba para atrás sobre la pared, siempre pude percibir esa batalla contra sí mismo.

Los manipulados

El fichero «Abusos» presente en el disco duro requisado a Dominique Pelicot incluía una carpeta titulada «Abusos/Sam/30-01-19». El dosier contenía siete ficheros, de los cuales un vídeo y seis imágenes mostraban a un hombre ayudando a Dominique Pelicot a penetrar a su mujer. En el vídeo se aprecia que el implicado se da cuenta de que está siendo grabado e interroga a Dominique Pelicot, que le insiste en que no. Uno de los números de teléfono registrados en la lista de contactos bloqueados de Dominique Pelicot pertenecía a Didier Sambuchi, al que se identificó como uno de los protagonistas de los vídeos. Fue interrogado y puesto bajo custodia policial el 23 de marzo de 2021, en la segunda ola de arrestos.

Didier Sambuchi tenía sesenta y ocho años en el momento del juicio, parecía frágil, iba desaliñado y usaba gafas. Otro con la mirada perdida tras los cristales de ver. El día que le tocó declarar, el 10 de octubre de 2024, nada más llegar al atril, se puso a llorar. Les pasaba a muchos, se derrumbaban al asomarse el micrófono. Algunos declaraban tan bajito que no se les escuchaba. A otros se les quebraba la voz en cuanto empezaban a hablar de su vida, en especial cuando mencionaban a sus hijos, a los que habían perdido la pista y no veían o veían poco desde que estaban detenidos. A veces se venían abajo cuando evocaban un evento traumático: la muerte de un padre o una madre, la violencia que habían sufrido, una separación, la pérdida de un hijo... Ninguna de esas reacciones en ninguno de ellos me pareció falsa. En muchos casos, probablemente era la primera vez que verbalizaban esas heridas.

A Didier Sambuchi, que se había separado hacía veintiséis años de la mujer con la que tuvo dos hijos, lo que le desestabilizó fue un cáncer de vesícula del que fue operado en 2014. Le quedó una importante secuela: no volvió a tener una erección. Desde entonces, buscaba relaciones bisexuales, se travestía y frecuentaba sitios como saunas. La policía encontró en su casa ropa interior de mujer y una peluca, y en su ordenador, imágenes sadomasoquistas con él como protagonista. Ante la jueza de instrucción, declaró que fue a casa de los Pelicot buscando una relación homosexual con Dominique, no una con Gisèle. A falta de erección, no llegó a penetrarla a ella, pero sí le ayudó a él a hacerlo y por eso se le imputó por un delito de violación y no de agresión sexual. En su declaración, y confrontado a los vídeos, admitió que se trataba de una violación, pues ella efectivamente parecía inconsciente, pero señaló que era involuntaria, nunca tuvo la intención de violarla.

A los investigadores y ante el tribunal, declaró también que con dieciséis años sufrió un abuso por parte de un hombre, pero que «no lo vivió mal» y no le marcó especialmente.

Didier Sambuchi hablaba de forma atropellada y torpe.

Era difícil seguirle. Dijo que iba desaliñado porque: «Me da igual mi aspecto». El tribunal le preguntó: «¿Se considera usted una persona influenciable?». Su respuesta fue: «La lectura no es lo mío, nunca he leído un libro».

Sin antecedentes penales, según su examen psicológico, se crio en un entorno donde sus padres no manifestaron afecto ni amor, pero estaba muy unido a sus tres hermanos, lo que hizo que, para él, la familia fuera algo casi sagrado. La psicóloga le presentó como alguien generoso, que se preocupaba por los otros. Al rescate de Sambuchi salieron varias mujeres, vecinas que declararon lo buen hombre que era, siempre con ganas de ayudar, y lo bien que se había portado con sus respectivos hijos. Se definía como bisexual, pero buscaba afecto en las mujeres y algo carnal en los hombres. Su travestismo, según la experta que lo evaluó, era una regresión neurótica que le permitía luchar contra el fantasma de la castración. Esta no vio un vínculo entre esas prácticas y los hechos que se le imputaban. Sin anomalías mentales, la psiquiatra sí percibía que podía haber sido manipulado por Dominique Pelicot, aunque su nivel intelectual se situaba dentro de la normalidad.

Como Sambuchi, otros dos hombres más alegaron haber aceptado la propuesta de Dominique Pelicot para tener relaciones sexuales con él, con Gisèle Pelicot como daño colateral.

Aunque gran parte de los acusados justificaron sus actos alegando que Dominique Pelicot les había manipulado, sí había un puñado de hombres a los que se percibía claramente como influenciables o manipulables. Dadas sus circunstancias, la capacidad de convicción de Pelicot, unida a su propia falta de reflexión, pudo haber ayudado a que cometieran el delito sin hacerse muchas preguntas en aquella habitación de Mazan.

Los que no denunciaron

En los archivos informáticos de Dominique Pelicot los investigadores encontraron dos carpetas vacías con el nombre de dos hombres: «Jérôme camionero» y «Cyril Mormoiron». Estaban mezcladas con otras tantas repletas de fotos y vídeos de actos sexuales. Pelicot las había creado en enero y marzo de 2020, meses antes de ser detenido, pero no había contenido, estaban vacías. A pesar de ello, los investigadores lograron, analizando su teléfono y sus contactos bloqueados, identificar a los dos hombres.

El primero de ellos era Jérôme B., treinta y siete años, camionero de profesión; compareció como testigo, pues no iba a ser juzgado porque no había indicios de delito. Era un hombre grueso con aspecto de no cuidarse mucho. Había contactado con el principal acusado varias veces en el mes de marzo de ese año. Después, Pelicot lo había bloqueado. El hombre fue detenido e interrogado un año después. Se analizó su teléfono y su ordenador, y a su mujer se le hizo un examen toxicológico, que no reveló restos de sustancias sospechosas en su organismo. Esto se hacía con todas las mujeres del entorno más próximo a los acusados o implicados, para comprobar que no habían replicado o intentado replicar el método de Pelicot.

Entró con la cabeza gacha, como temeroso, por el pasillo central, antes de llegar al atril. Contó lo que ya le había dicho en su día a la policía: que había empezado a chatear con Pelicot en la web libertina coco.fr y que este le había dicho que solo podía recibirle en su casa de madrugada, pues drogaba a su mujer. Le envió varias fotos en las que esta aparecía dormida y, en una de ellas, había otro hombre a punto de violarla. Jérôme B. dijo a los agentes que se negó a aceptar su propuesta porque pensó que se trataba de una violación. Argumentó ante el tribunal que no lo denunció a la policía, a pesar de sus sospechas, por dos motivos: porque en ese tipo de webs libertinas había «mucho fantasma» y porque no quería que su mujer descubriera que visitaba esas páginas. La policía lo confrontó a las decenas de mensajes por SMS que aparecían en sus conversaciones con Pelicot para que argumentase tanto intercambio de mensajes y él lo justificó diciendo que esperaba que él cambiase de opinión para que la relación fuese consentida. Declaró que este no era claro en sus explicaciones, aunque sí le dijo lo que hacía. Los investigadores no lograron probar cargos contra él.

La incredulidad, la pereza y el egoísmo de ese hombre, que no quería dar explicaciones, prolongó la agonía de Gisèle Pelicot. Jérôme B. no quería justificarse, pero al final tuvo que hacerlo, en comisaría primero y luego ante un tribunal, al que entró temeroso y donde tuvo que declarar ante medio centenar de acusados y decenas de periodistas. Él, al menos, tuvo la lucidez de ver que el escenario que se le estaba vendiendo era sospechoso. Se hizo alguna pregunta más que el resto de los que estaban en la sala.

La otra carpeta vacía del sumario se llamaba «Cyril Mormoiron» y correspondía a Cyril F., de cuarenta y nueve años y licenciado en Historia y Geografía. Es de los pocos hombres que aparecen en el auto que tenía estudios universitarios. El *modus operandi* fue el mismo: empezaron a hablar por SMS, intercambiaron varias fotografías de ellos, pero la cita no se concretó y al final el principal acusado lo bloqueó en el teléfono. Soltero y sin hijos, trabajaba como funcionario. Cuando fue convocado por la policía para declarar, pues en los archivos de Pelicot estaban sus conversaciones, dijo que frecuentaba páginas de encuentros sexuales como coco.fr., donde se topó con el acusado, pero aseguró que nunca había tenido una relación no consentida y que no le gustaban las prácticas extremas, en referencia a la somnofilia, el supuesto juego de la pareja, en la que muchos de los acusados se excusaban para justificar su delito. Cyril F. reconoció haber tenido contacto con un hombre que le propuso tener relaciones con su mujer. Le dijo que estaría dormida tras haber tomado pastillas. Se negó porque consideraba que no tenía sentido tener relaciones con una mujer en ese estado.

Cuando Cyril F. terminó su intervención en el tribunal, me fijé en que él no salió como todos, por el pasillo central, sino que bordeó el primer banquillo y se acercó a la esquina donde estaban Gisèle Pelicot y sus abogados. De todos los testimonios que yo presencié, más de un centenar, fue el único que cambió el recorrido y se acercó a la víctima para hablarle.

Otra periodista y yo lo paramos a la salida y logramos hacerle una breve entrevista; le pregunté por qué se había acercado a hablar con Gisèle Pelicot. «Le he explicado por qué nunca denuncié, porque pensé que era un invento de un loco en aquella web, que no era verdad, y le he pedido perdón por no haberlo hecho».

Interrogado sobre estos hombres, Dominique Pelicot aseguró, contradiciendo la versión de ellos, que ambos acudieron a su casa, en Mazan, y no supo responder al hecho de que las carpetas a su nombre, a diferencia de otras, estuvieran vacías. Jérôme B. y Cyril F. fueron los dos únicos hombres que declararon en el juicio como testigos, implicados en el sumario, pero no como acusados. Los dos únicos que, según el auto judicial, rechazaron la oferta de Dominique Pelicot. El día que declararon, la pregunta que nos hacíamos no era qué los llevó a cometer un crimen, sino qué los llevó a no denunciarlo.

La impunidad

«Día a día, en cada interrogatorio, intento meterme en esa habitación de Mazan y entender qué razones han llevado a unos y otros a no salir corriendo». Me lo dijo uno de los abogados de Gisèle Pelicot, Antoine Camus. Yo también, escuchando a cada uno de esos hombres y a los expertos, hacía el ejercicio de visualizarlos, primero en esa web de intercambios sexuales, coco.fr., donde Pelicot los reclutó; más tarde en una conversación ya en privado, por Skype o SMS, y después en el aparcamiento en Mazan, donde los citaba para acabar en la habitación conyugal. En todas esas etapas y con todos los elementos que empezábamos a conocer (exámenes psicológicos y psiquiátricos, testimonios, declaraciones propias y ajenas...), lo que hacía, de manera casi metódica, era proyectarme en cada uno de ellos y preguntarme: ¿qué le ha llevado a buscar una relación en coco.fr? ¿Qué le ha llevado a acudir a la cita? ¿Y qué le ha llevado, una vez dentro de la habitación y ante ese escenario más que sospechoso, a quedarse?

El intento obsesivo por tratar de meterme en las cabezas de esos hombres para encontrar respuestas era agotador y frustrante, pero solía encontrar algunos conatos de explicación en cada caso. Los iba recabando de forma individual y luego los contrastaba con Britta o con el resto de las compañeras periodistas. Normalmente llegábamos a conclusiones parecidas, porque en esa sala todas hacíamos el mismo ejercicio: tratar de entender, y para eso había que intentar pensar como ellos.

Yo creo que a Didier Sambuchi lo que le llevó a la web coco.fr fueron la soledad y la frustración que le provocaba la impotencia tras haber padecido un cáncer. A concretar la cita le llevó lo anterior, y a quedarse en la habitación de Mazan aquel 30 de enero de 2019 en lugar de salir corriendo lo mismo que a muchos: una absoluta incapacidad, arraigada y heredada, para ver a la mujer como sujeto. No se marchó por lo mismo que la mayoría: el egoísmo le impidió pensar más allá de sí mismo y se dejó llevar, amparado en la impunidad que la mayoría de los hombres siempre habían tenido, en su familia, en su entorno y en la sociedad en lo que respecta al trato a las mujeres.

Adrien Longeron acudió a esa misma web de contactos para buscar sexo, pero en su caso no por necesidad, como Sambuchi, sino por despecho o narcisismo, o las dos cosas. Él acumulaba conquistas y así alimentaba su ego. Estaba acostumbrado a tener demasiado. Concretó la cita por todo lo anterior y no se fue de la habitación de Mazan aquel 14 de marzo de 2014, a pesar de estar sintiéndose un trozo de carne y viendo que Gisèle Pelicot estaba inconsciente, porque el egoísmo le impidió pensar en el otro y se dejó llevar, amparado en la impunidad de niño protegido por su familia de la que siempre había gozado.

Cédric Grassot acudió a la web coco.fr porque tenía una sexualidad exacerbada que necesitaba alimentar, concretó la cita por el mismo motivo y no se fue de la habitación de Mazan el 3 de octubre de 2017 porque era consciente de que estaba cometiendo una violación y no le importaba.

Romain Vandevelde acudió a la conocida web libertina porque buscaba vínculos sociales, salir de su soledad, concretó la cita por el mismo motivo y no se dio cuenta de que algo raro pasaba porque en su vida siempre fue tratado como un objeto y era incapaz de identificar a una mujer como un sujeto que él nunca fue. No se fue de aquella habitación de Mazan la primera noche, la del 8 de diciembre de 2019, ni ninguna de las otras cinco entre ese año y junio de 2020, por una incapacidad absoluta de reflexión y, también, porque el egoísmo, el suyo particular, le impidió pensar y se dejó llevar, amparado en la impunidad que los otros, los que lo violaron a él, ya tuvieron.

Nunca sabremos el grado de sinceridad en el discurso de Jérôme B. y Cyril F., el que entró temeroso al estrado y el único que cambió el rumbo y salió pidiendo disculpas, pero sus testimonios fueron clave para refutar la inevitabilidad de la manipulación de Dominique Pelicot que muchos aducían y para poner voluntariamente sobre la mesa la cuestión del consentimiento. A pesar de que treinta y tres alegaron una falta de discernimiento en el momento de los hechos, el tribunal solo se lo reconoció a uno: el resto estaban en perfectas condiciones para saber el estado en el que se encontraba la víctima.

Las noches en Aviñón siempre fueron complicadas, porque entre el sueño y la vigilia me dedicaba a construir mi propio puzle de preguntas y respuestas en un intento por explicarme a mí misma, más o menos acertadamente, por qué esos cincuenta hombres corrientes, que no normales, acabaron, conscientemente o no, aportando su granito de arena al tormento de una década que vivió Gisèle Pelicot.

5
EL ACUSADO NÚMERO 52

El foro del delito

Los cuarenta y nueve acusados presentes en el juicio de Mazan (había uno fugado) siempre dijeron que ellos no estarían ante un tribunal por un delito de violación si no se hubieran encontrado un día con un depredador como Dominique Pelicot. El principal acusado y marido de la víctima dijo que él tampoco estaría allí si no se hubiera encontrado con todos esos hombres que, más o menos conscientes de lo que iban a hacer, aceptaron el plan de ir a su casa a violar a su mujer. Eran cincuenta acusados más uno principal y los cincuenta le echaban las culpas al uno y el uno a ellos. Sin embargo, es cierto que había un acusado 52, clave en este caso, sin el que ninguno habría acabado allí y al que ninguno de ellos le reprochó nunca nada: coco.fr.

Los expertos de la policía judicial que se habían encargado de las pesquisas del caso Pelicot durante los tres años que duró la instrucción dieron su testimonio las primeras semanas y explicaron cómo habían descubierto los vídeos de las violaciones y cómo habían tirado del hilo, entre conversaciones, nombres y vídeos, para identificar a los autores a través de esta web que fue el punto de encuentro de todos ellos. Los acusados admitieron frecuentarla, en mayor o menor medida, para buscar lo que ya tenían o no tenían en casa o para ir más allá de lo que conocían y con lo que fantaseaban.

En palabras de uno de los investigadores del caso que declaró al principio del juicio, coco.fr era «una aberración». Los acusados que la utilizaban la definieron como una «web de libertinaje».

La exposición de los expertos de la policía judicial fue esclarecedora. Coco.fr era un espacio que carecía de filtros, con una laxitud y permisividad que consentían la comisión de delitos. Las perversiones de muchos de esos hombres encontraron un refugio cómodo en esa página, que era conocida precisamente por eso, porque no había vigilancia. Nadie buscaba allí una relación de pareja ni el amor. Según los investigadores, el 70 por ciento de las conversaciones entre los usuarios eran sobre sexo y el resto, sobre venta de estupefacientes. El funcionamiento era tan simple que cualquiera, hasta el más torpe en lo digital, podía manejarse. Eliminaba los rastros de los usuarios y las conversaciones una vez estas finalizaban, así que su funcionamiento atraía sobre todo a perfiles criminales, perversos y algunos libertinos genuinos que ignoraban los actos delictivos que se cometían o se concertaban en otros chats del sitio que visitaban.

Coco.fr blanqueaba los delitos y protegía por encima de todo el anonimato, los usuarios se identificaban a través de un pseudónimo y su rastro desaparecía una vez se cerraba la sesión. Podían hacerse pasar por otros, proponer lo que querían y luego tener una charla en privado, más discreta, como hacía Dominique Pelicot. Había «foros» de discusión donde la palabra discusión quedaba vacía de su contenido más noble, pues se hablaba sobre diversos temas, ninguno muy elevado, casi siempre en torno al sexo y muy a menudo en el límite de la ley. El usuario se registraba con un color, azul o rosa en función de lo que buscaba. Algunos afirmaban que estaban convencidos de haber hablado con una mujer solo porque al otro lado del muro virtual la otra persona se identificaba en femenino. Así, entre el rosa y el azul y camuflados tras su pseudónimo, fueron cayendo todos, uno a uno, en el abismo de coco.fr.

Dominique Pelicot se hacía llamar Marc Dorian en Skype, a donde derivaba las discusiones, y su correo era fetiche45. Jean Pierre Marechal, conductor en una cooperativa agrícola y con seis hijos, que no quiso violar a Gisèle Pelicot pero sí llevó a Dominique Pelicot a su casa para que violase a su mujer, se hacía llamar Rasmus en coco.fr. Christian Lescole era Chris el Bombero. Adrien Longeron era Steph. Mohamed Rafaa, uno de los acusados que había sido condenado previamente por violar a su hija de quince años, era Momo Île de Ré. Didier Sambuchi fue uno de los más «creativos»; se adjudicaba sobrenombres como «pezonsensible», «samanthatrav» o «amorpasivo». Pseudónimos en busca de sexo sin escrúpulos.

Según Dominique Pelicot, él chateaba con los acusados en un foro de discusión llamado «Sin que lo sepa» o «Sin su conocimiento» (*à l'insu*, en francés), un título autoinculpatorio de por sí. Allí era donde, según su declaración, propuso a esos hombres ir a su casa para tener relaciones sexuales con su mujer, que se hallaría bajo los efectos del cóctel de medicamentos que le había administrado. Nunca pidió dinero por ello. A todos los acusados se les preguntó: «¿Entró usted en el foro de discusión "Sin que lo sepa"?». La mayoría lo negó.

Durante la instrucción, en la cuenta de Skype de Dominique Pelicot se encontraron conversaciones con distintos hombres que ocultaban sus identidades con apodos en las que él mencionaba expresamente la palabra violación. Todos los acusados frecuentaban en mayor o menor medida coco.fr, donde buscaban relaciones sexuales, con mujeres solas o con parejas; algunos a veces se conectaban varias veces en el mismo día.

Para muchos, coco.fr era una tapadera o una forma de consuelo, como el que se pega un atracón de chocolate cuando ha tenido un mal día. Era el caso de Charly Arbo, adicto al porno desde la adolescencia y asiduo a la web; el de Lionel Rodriguez, al que sus hijos pillaron viendo vídeos porno; y también el de Jérôme Villela, de «una sexualidad desbordante» y consumidor de porno desde joven, que declaró que tenía dificultades para estar solo y a quien la propuesta de Dominique Pelicot le llegó durante el confinamiento. Algunos buscaban una relación homosexual, otros no estar solos el día de Año Nuevo o el de su cumpleaños. Coco.fr era una escapatoria de las frustraciones y la soledad, y la propuesta de un desconocido para aliviarlas a costa de una mujer inconsciente parecía una oportunidad difícil de ignorar. Algunos eran adictos a esta web de perversión, como Jean Luc La, uno de los que sí admitían el delito. Era uno de los hijos de la *boat people*, los refugiados de la guerra de Vietnam y Camboya que llegaron a Francia en los años ochenta. Jean Luc La se sentaba en el box principal, con Pelicot, y llevaba siempre mascarilla, así que solo le pudimos ver la cara cuando declaró. Contó cómo salió en barco de su país y cómo llegó como refugiado a Francia. Era bajito, con gafas, no llamaba la atención. Hablaba en voz baja, no era agresivo ni estaba a la defensiva como otros. Estaba más bien resignado, casi derrotado. No negaba ni cuestionaba nada. Lo admitía todo. Jean Luc La tenía como pseudónimo el Asiático. Declaró que sabía perfectamente, desde el principio, que Pelicot administraba somníferos a su esposa. Se dieron cita el mismo día del primer contacto en coco.fr. Jean Luc La no tenía relaciones sexuales con su mujer, así que las buscaba en esta web. Entre sus archivos se encontraron más de mil cuatrocientos rastros de consultas en la web en apenas seis meses. Su mujer, que declaró con la ayuda de una intérprete a pesar de llevar décadas viviendo en Francia, dijo que veía normal que su marido hubiera buscado fuera lo que no tenía en casa.

Según el Tribunal, no quedó claro que, como él decía, Dominique Pelicot les dijese a todos la verdad, pues algunos admitieron estar al corriente del plan desde el inicio, pero otros lo negaron. Él mantuvo que les dijo que drogaba a su mujer. Como coco.fr era tan eficaz a la hora de eliminar rastros, no se pudieron recuperar las conversaciones. Si Dominique Pelicot logró afinar su *modus operandi* durante años y pasar a la historia como uno de los grandes depredadores sexuales de Francia, coco.fr perfeccionó su método de manera más magistral: logró aglutinar todas las perversidades, adicciones y frustraciones posibles. Los delitos de Dominique Pelicot no hubieran alcanzado la magnitud numérica que se destapó sin coco.fr y, pese a lo poco que se pudo sacar en claro de sus servidores e historiales, sus delitos serían otros.

Ninguno de los acusados cuestionó el funcionamiento o la existencia de esta página en el curso del juicio.

La investigación de los archivos

Stephan Gal fue uno de los pilares de la investigación. Es oficial de la policía judicial de Aviñón y él y otro compañero visionaron todas las fotos y vídeos hallados en los archivos informáticos de Dominique Pelicot. Alrededor de 3.800. Declaró al Tribunal que en treinta y tres años de carrera como policía judicial no había visto nada igual: «Era todo el rato lo mismo, imágenes de una sordidez impresionante». Los investigadores tuvieron que vincular los pseudónimos de coco.fr con los que Pelicot etiquetaba los vídeos con sus contactos del teléfono, muchos de ellos bloqueados.

El trabajo fue colosal. También usaron un algoritmo de reconocimiento facial para identificar a los usuarios, hicieron registros, compararon fotografías... Gal, tras tres años de instrucción y después de haber visionado todos los vídeos, declaró tajante y visiblemente afectado: «Esos hombres no podían ignorar que ella dormía profundamente, eso es un hecho. Se ve claramente y sin lugar a equívoco que ella duerme. Eran conscientes de la ausencia de consentimiento. Un hombre normal se da la vuelta y se va a casa. ¿Hace falta, verdaderamente, llegar al punto de escuchar que ronca para darse cuenta de la falta de consentimiento?». Los que la oyeron roncar tampoco dieron media vuelta. Ni denunciaron.

Stéphane Babonneau le preguntó a Gal si en los vídeos analizados se veía sufrimiento en la víctima: «Lo más impresionante es, en algunos actos, ver que ella comienza a asfixiarse y ellos no reaccionan cuando Dominique Pelicot les dice que se retiren. Es impresionante ver todo el rato el mismo tipo de actos», respondió el oficial de la policía judicial.

«¿Cree que pudo haber consentimiento?», le preguntó una de las abogadas de la defensa de los acusados. «Creo que la declaración anterior responde a su pregunta», dijo él. Todo era un tira y afloja para intentar cuestionar la evidencia de los vídeos. Como los que se visionaron en el tribunal eran copias de los originales, se planteó si los ronquidos de la víctima estaban manipulados o si había errores con el minutado de los vídeos. Todos tenían la sensación de no haber estado más de diez minutos o media hora en aquella habitación. Algunos estuvieron tres o cuatro horas. Aquella habitación de Mazan debía de alienarlos hasta el punto de hacerles perder las referencias temporales.

Durante su exposición, el policía judicial fue describiendo, uno a uno, los archivos analizados de cada uno de los acusados, nombre y apellidos, cómo fue el contacto en coco.fr y los vídeos y fotos que los implicaban y cómo lograron armar el puzle con los rastros que habían dejado.

Olivier Guemard, experto informático, también se encargó de analizar las carpetas y describió coco.fr como una web que te permitía, sin registrarte y sin autentificar tu identidad, hablar sobre lo que querías, y, una vez cerrabas la ventana o pestaña, todo se borraba. Estuvo horas explicando su metódico trabajo de análisis de los archivos informáticos de Pelicot y lo que pudieron rescatar de coco.fr. En los distintos registros, se incautaron un ordenador, varios USB, varios teléfonos, siete tarjetas de memoria, una videocámara y una cámara de fotos. Pelicot manejaba la tecnología para los fines más perversos. La pieza clave de todo era el disco externo (bautizado en el sumario como disco Kesu, en referencia a la marca), a través del cual se identificó a las personas que aparecían en las fotos y en los vídeos. Este no lo encontraron los agentes en el primer registro en su casa, cuando lo detuvieron por grabar a mujeres en el supermercado. Cuando se le preguntó por qué no lo había escondido antes del segundo registro, dijo: «En lo que me concierne, con lo que había en mi teléfono ya estaba muerto». Lo más difícil fue sacar información de las carpetas vacías, aunque se consiguieron recuperar algunas conversaciones y fotomontajes, como el de «madre e hija», una comparativa de Gisèle y su hija, en julio de 2020, y las fotos de la hija. Para poder recuperar archivos «tiene que haber espacio libre, y no era el caso», dijo el experto. «Sabemos que se eliminaron, pero la fecha no es fiable, y creemos que ha sido más un error de manipulación que un intento expreso de haber querido borrar algunos ficheros», dijo Guemard, que contó que en las discusiones la palabra violación «estaba muy presente».

Algunos de los abogados de los acusados trataron de cuestionar a los expertos preguntándoles si se había investigado lo suficiente o reprochándoles cómo podían saber que se trataba de una violación si no estaban en la cabeza del implicado para saber si había intencionalidad o no. Este argumento legal, junto al de la incapacidad de discernir, eran los más usados por los letrados, pues para que se considere a alguien culpable de un crimen, hay que probar esa intencionalidad. A esto Stephan Gal respondió: «Bueno, yo no digo que sea una violación, son los jueces los que deben decidirlo, pero también en un caso de ajuste de cuentas se habla primero de "muerto" antes de que un tribunal dictamine la culpabilidad del implicado».

El abogado de la defensa insistió con su argumento: «Esto que dice puede llevar a una incomprensión, porque hay violaciones y violaciones sin intención de cometerlas».

La frase «hay violaciones y violaciones» generó una profunda indignación en el banco donde se sentaban Gisèle Pelicot y sus abogados y fue respondida en los muros de las calles de la ciudad de Aviñón, donde grupos de feministas pintaron, entre otras frases inolvidables del proceso: «Una violación es una violación». El sumario era profundamente delicado y, a menudo, parte de la defensa mostraba una falta de empatía hacia la víctima, incluso cierta agresividad. Se le acusó de haber sido consciente de lo que hacía su marido, de haber mirado para otro lado, se cuestionaron sus prácticas sexuales, haberse hecho fotos en actitud provocadora, consentidas, se cuestionó su *affaire* con un compañero de trabajo muchos años antes. Argumentos que nos recordaban al «tenía la falda demasiado corta» o «le calentó».

En las primeras semanas de juicio, Gisèle Pelicot declaró: «En este tribunal me he sentido humillada. No me extraña que muchas mujeres víctimas de violación no quieran denunciar».

La impunidad de coco.fr

Lo que parecía increíble es que ese espacio delictivo estuviera tanto tiempo operativo a pesar de que tenía numerosas denuncias por todo tipo de delitos, sobre todo de pederastia y proxenetismo, como declaró uno de los investigadores al tribunal. Se cerró por orden de un juez el 25 de junio de 2024, tres meses antes de que se celebrase el juicio contra los cincuenta y un hombres y cuatro años después de que se iniciase la instrucción del sumario.

La web (coco.fr) fue creada en 2003 y se empezó a investigar una posible actividad delictiva en diciembre de

2023 por pederastia, proxenetismo agravado, blanqueamiento y asociación criminal y venta de estupefacientes, tras múltiples denuncias en los últimos años. Según el tribunal que ordenó el cierre, «era conocida desde hace años como facilitador para cometer infracciones». Entre enero de 2021 y mayo de 2024 hubo más de 23.000 procedimientos abiertos en los archivos policiales relacionados con la web que implicaban a 480 víctimas. «En todos estos casos denunciados, esta plataforma se utilizó fundamentalmente por su notoria ausencia de moderación».

En enero de 2025, tras la sentencia del caso Pelicot, el gerente de coco.fr, Isaac Steidl, fue interrogado por la unidad nacional de la cibercriminalidad dentro de una investigación a nivel europeo contra el crimen organizado. Más inquietante aún que su supervivencia criminal lo era su éxito: cuando se clausuró tenía más de 2.000 millones de visitas. Esa «web de libertinaje» era un fallo del sistema. Otro ejemplo de anomalía de la sociedad, y el fracaso en los mecanismos de vigilancia lo vimos poco después en el juicio a un cirujano retirado, Joël Le Scouarnec, que abusó de casi trescientas víctimas, la mayoría niños, durante décadas, en su ejercicio profesional. Muchos de los menores estaban sedados. Se le empezó a juzgar en febrero de 2025, dos meses después de que se dictase la sentencia de Mazan. Tenía la misma edad que Pelicot, setenta y dos años. Este no filmó vídeos, pero lo anotó todo en cuadernos. A pesar de haber tenido denuncias previas, nadie dentro de la comunidad médica ni de su familia alertó ni denunció.

A los periodistas que seguimos el juicio, coco.fr nos hizo reflexionar mucho sobre el rol de las redes y de las aplicaciones para encontrar pareja. Uno se cree seguro por la falsa protección que da una pantalla, lo que hace que se relaje la vigilancia. Por eso algunos se asomaron a un precipicio, el de la búsqueda de remedios a la soledad o la perversión, sin importarles lo que había al otro lado. Algunos acusados declararon que pasaban horas en este tipo de páginas. De este debate salieron historias, contadas por unas y por otras: hombres que, al primer *like*, dejan claro que lo que buscan es una mujer sumisa; propuestas y comportamientos, como en coco.fr, a veces en el límite, que deshumanizan y rompen la esencia de estas herramientas: la búsqueda de un ser humano al otro lado, por la razón que sea.

6

EL VIAJE A LA NORMALIZACIÓN

«El bar de los violadores»

Llevaba un par de días yendo a comer a un bar en los alrededores del tribunal cuando me los encontré. Thierry Postat, Joseph Cocco y Lionel Rodriguez charlaban en la terraza del bar, bebían cerveza y pastís, un licor francés parecido al anís, y fumaban. Los tres acusados estaban con la abogada de uno de ellos. Reían y hacían bromas. Me metí dentro del bar, un poco descolocada. Hacía sol y me habría quedado en la terraza, pero me parecía raro sentarme a su lado y escribir sobre ellos. Entré y Sofiane, el dueño del bar, me susurró: «Hay algunos ahí fuera».

Esa sorpresa inicial me duró apenas una semana: ese fue el primer día de muchos de convivencia, dentro y fuera de la sala del tribunal. Por eso bauticé «el bar de los violadores» al bar de Sofiane. Era el sitio al que íbamos muchos periodistas a acabar las crónicas, una *brasserie* típica francesa cerca de la sede judicial, en una calle pequeña que al final se acabó convirtiendo en el barrio, pues la recorríamos de arriba abajo a diario: estaba la panadería donde íbamos a comprar el bocadillo los días que no había tiempo para nada más, un estanco, el bar de Nico, que hacía ensaladas, y otro restaurante, el 75, que tenía más nivel, donde iban a comer los abogados y, a veces, los periodistas cuando teníamos tiempo.

El grado de intensidad de la jornada podía definirse en función del sitio al que íbamos a comer: los días apretados tocaba «Nico para llevar» o panadería; los holgados, el 75; y los intermedios,«el bar de los violadores», o el bar de Sofiane. Era un sitio modesto y sobre todo familiar: al segundo día ya te reconocían y te servían casi sin preguntar, como si te conocieran de toda la vida. Sofiane me decía que entrara directamente en la cocina para pedir el plato y la cocinera dejaba todo para darme dos besos. En «el bar de los violadores» me sentía como en casa. Le colgué la etiqueta sin intención de estigmatizarlo, pero se fue corriendo la voz y todo el mundo lo acabó llamando así. Un día Sofiane me dijo: «Me ha dicho una periodista que llamáis a mi bar "el de los violadores". Estoy muy disgustado». Me lo dijo con pena y me sentí avergonzada, no me atreví a decirle que era yo la que estaba en el origen de todo; a partir de entonces lo llamé el bar de Sofiane.

Congeniamos desde el primer día. Me sentaba siempre en la mesa con enchufe y me traía lo de siempre sin necesidad de pedirlo. A veces me sacaba de cena lo que le había sobrado del día o parte de lo que él iba a cenar. Sofiane es francoargelino, y a los franceses originarios del Magreb los españoles solemos caerles bien, por el carácter y porque nos sienten más cerca: ellos, nacidos en Francia, se sienten un poco ciudadanos de segunda. Los españoles somos vecinos, pero para algunos franceses somos europeos del sur, o sea, de segunda. Quizá por eso nos entendemos bien. Enseguida Sofiane y yo nos tuteamos y nos llamamos el uno al otro por el nombre, y no madame o monsieur, las fórmulas de cortesía habituales.

El primer día que me topé con el grupo de acusados en la terraza de su bar fue solo un aperitivo de lo que sería nuestro día a día. A esas alturas aún no había calibrado hasta qué punto iba a encontrarme fuera a muchos de los que escudriñaba dentro de la sala judicial: en el bar de Sofiane, en la puerta del tribunal fumando, en los baños, en la máquina de café, en el estanco, en otros bares o a primera hora de la mañana, esperando en el semáforo para cruzar juntos cuando apenas estaban puestas las calles y todos nos dirigíamos al tribunal.

Quentin H., el que tenía pinta de matón, y yo hicimos el camino juntos una mañana, bien temprano, camino a la audiencia, y estuve a punto de decirle: «Bueno, ya nos queda poco a todos para que esto acabe; y tú ¿cómo lo llevas?». Con Cyrille Delville coincidí otro día en el estanco. A él le rehuí la mirada. En el tribunal se comportaba de manera intimidante. A las periodistas nos miraba fijamente, con descaro, como para provocar, y a veces se iba al final de la sala a estirar porque tenía un problema en la pierna, pero se colocaba al fondo, justo detrás de nosotras.

En ocasiones, en la pausa de la comida, nos cruzábamos en la salida los corrillos de acusados (porque había grupos) y los de periodistas. A Joseph Cocco me lo encontré varias veces tomando café. El día que le tocó declarar fueron varios testigos de su parte, compañeros que se habían convertido en amigos cuando trabajó para la Policía. Al acabar la jornada, me fui al bar de Sofiane para terminar el artículo y los vi tomando cervezas. Estaban de buen rollo. No había nadie más en el local, así que decidí no entrar. Ya era habitual, pero aún se me hacía raro estar sentada en la mesa de al lado escribiendo sobre la declaración de todos esos hombres. Otro día lo vi con su abogado charlando en la terraza. Tampoco me quedé.

Joseph C. era, de todos los acusados, el que menos cargos tenía. Estaba acusado «solo» de un delito de agresión sexual, no de violación. Quedó con Dominique Pelicot para hacer un trío, pero al ver que Gisèle no se despertaba, le pareció raro y se marchó. Llegó a entrar en esa habitación y hubo tocamientos, así que se le imputó en el caso, pero por agresión. Se desentendía un poco del resto, como si no quisiera mezclarse. El día que los vi en el bar a todos juntos, pensé que, si había conseguido un círculo de varios amigos capaces de ir a testificar en su defensa, incluso siendo policías, en un juicio tan mediático como ese, igual no era mal tío. Aunque también, teniendo él lazos con las fuerzas del orden, fue a la habitación de Mazan, se percató de que Gisèle Pelicot estaba inconsciente y no lo denunció.

Otro con el que me cruzaba a menudo era Philippe Leleu, que deambulaba por el tribunal cuando todavía no habían abierto las puertas. Tenía un tic en los ojos y no se mezclaba con el resto, quizá por eso se sentaba siempre cerca de Joseph C., que también se mantenía apartado. Un día, como tantos otros a lo largo del juicio, nos encontramos en una de esas situaciones inenarrables porque escapaban a la categorización. Era mediodía y la declaración matutina se había prolongado más de lo habitual. Salimos todos a comer y, como ya era tarde, el 75 estaba lleno. Gisèle y sus abogados iban siempre allí, pero tampoco había sitio para ellos. Se fueron al restaurante italiano de al lado, donde también fuimos Britta y yo. En una mesa, comiendo solo, estaba Philippe Leleu. A escasos metros, en la misma sala, estábamos comiendo todas las partes. No pude evitar sentir pena por ese hombre, que había declarado hacía unas semanas que estaba harto de cenar solo, un hombre al que los psiquiatras describieron como una persona débil e influenciable y cuya madre le ocultó que su padre biológico lo abandonó y fue adoptado por su pareja. Se enteró con treinta y ocho años. Tenía sesenta y tres en el juicio. Entrevisté a Philippe L. en los últimos días y confirmé la lástima que sentía por él. Tenía un vínculo extraño con su madre, de ochenta años, con la que vivía y que vino a declarar: una mujer muy elegante, mayor, que contó lo mucho que había luchado para sacar a su hijo adelante. Philippe me dijo que cuando la policía fue a detenerlo a su casa, fue su madre la que abrió la puerta.

Si al principio me resultaba chocante cruzármelos, al final lo que era chocante era encontrármelos y no saludar o no hablarles, pues llevábamos meses compartiendo sala, conocía sus vidas, me había cruzado con sus familias. En los últimos meses, había pasado con esos hombres más tiempo que con mi familia o amigos. El bar de Sofiane era, en realidad, un ejemplo de todos esos espacios donde nos acostumbraríamos a convivir. Como dijo uno de sus abogados durante el juicio, resulta que esos hombres, criminales o no, también tenían necesidades, como tomar café, fumar, comprar tabaco o pasear por la calle, hasta que un tribunal dictase lo contrario.

Café y tabaco: los otros puntos de encuentro

Poco a poco nos fuimos acostumbrando a vernos las caras, sobre todo en uno de nuestros espacios de encuentro habituales, que era la puerta del tribunal, porque el tabaco era punto de unión. Empecé el juicio robándole cigarrillos a mi amigo Iñaki Esnal, corresponsal de la televisión pública vasca EITB, y acabé fumando como todos. El tabaco nunca fue un problema. Anna Margueritat, una fotógrafa freelance que trabajaba para medios feministas y con la que intimé mucho, repartía tabaco a todo el mundo que declaraba no fumar, decía que era «el paquete solidario».

Fumar era casi un acto de desahogo necesario. En los descansos salíamos todos en masa a la puerta: abogados, acusados y periodistas, todos evacuando emociones a base de nicotina. Un día, Clara, Anna y yo fumábamos en la puerta y comentábamos la declaración de un acusado. Clara trabajaba como freelance para varios medios. Era discreta y sensible, tenía los ojos muy claros y el pelo rubio, media melena, lo que le daba un aire delicado, de vulnerabilidad. Anna era todo lo contrario, pelirroja, con varios tatuajes, con aspecto de guerrera. Cada día, cuando pensabas que lo habías oído todo, que el delirio de excusas, victimismo y negación ya había alcanzado su cota máxima, llegaba un hombre con una declaración aún más sorprendente que la del anterior.

El viernes 15 de noviembre diseccionábamos la comparecencia de Charly Arbo, el benjamín del grupo, en el punto de fumadores. Su testimonio fue extenuante porque apenas hablaba, respondía a las preguntas con monosílabos y parecía no enterarse de nada. Mientras comentábamos el sentimiento que nos había despertado el personaje, nos dimos cuenta de que, a nuestro lado, estaba Karim Sebaoui, que fumaba escuchando, pero como si nada fuera con él. Entraba solo al tribunal y salía solo. Otro de los que no quería mezclarse con el resto. Otro de los que tenía un aspecto «normal». Nos dimos cuenta de que nos estaba oyendo, pero a esas alturas ya no éramos discretas: sí, nos parecía que Charly A. era limitado o se lo hacía. Seguramente, Karim S. lo pensaba también. Redouane el Farihi, que empezó criticando a la prensa como la culpable de todos sus males, acabó buscando aliados en ese espacio para fumadores para poder difundir sus teorías conspirativas, que consistían en decir que Gisèle y Dominique Pelicot en realidad estaban compinchados, que todo era una farsa para ganar dinero. Los otros acusados le llamaban «el tarado» o «el complotista». Redouane F. aprovechaba la salida del tabaco para buscar gente a la que contar sus hipótesis. Hastiaba hasta a su propia abogada. Un día, él salió a buscarla y esta le gritó: «¡Déjame ya tranquila!».

En los descansos también coincidíamos en la máquina de café. Todos hacíamos cola para el chute, esta vez no de nicotina, sino de cafeína. En la planta de abajo tenían una máquina con café Illy, de más calidad que el de la de arriba. Britta y yo solíamos ir allí por eso y porque normalmente había menos gente. Un día, ella se fue al baño y me encontré sacando un café en la máquina con seis acusados haciendo cola detrás y mirándome. No quise cederles el turno porque pensé que, en realidad, era justo, ya que si yo los había mirado con lupa dentro de esa sala, ahora eran ellos los que tenían el derecho de escudriñarme a mí. A partir de un momento dado, nos teníamos todos fichados.

Un día me sorprendí a mí misma sonriéndole a Joseph Cocco mientras me cedía el paso en la puerta. Este acusado aprovechaba cualquier momento para buscar las miradas de los periodistas: cuando esperábamos en la puerta antes de la audiencia y dentro de la sala. Nos dirigía miradas de complicidad, como si quisiera decir: «Bueno, a ver si acaba esto ya». Daba la impresión de que quería ser amable, algo que no ocurría con el resto, que miraba a la prensa como si fuéramos los culpables de su desgracia. Otro día me sorprendí aún más y me vi abriéndole yo amablemente la puerta. Gisèle Pelicot también salía del edificio mezclada con ellos.

Este era el día a día de la transformación.

También para Sofiane, aunque él y yo hicimos un viaje

inverso: cuanto más toleraba yo su presencia, menos los aceptaba él. Durante los cuatro meses de juicio hablamos mucho: sobre mí, sobre él, sobre el consentimiento, sobre el papel del hombre y el de la mujer, sobre cómo convivíamos en sociedad.

Un día, muy al principio, cuando había acabado la crónica, me invitó a una cerveza y nos pusimos a hablar en la barra. Me dijo que algunos de los que iban al bar le argumentaban que Dominique Pelicot estaba en los actos y por eso habían pensado que era una relación consentida. Él también lo justificaba.

«Bueno, Sofiane, que sea tu mujer no te da derecho a hacer nada si a ella no le apetece, una mujer no es propiedad del marido», le dije. «Los hombres somos depredadores, Raquel», me respondió medio riendo. «No lo creo, Sofiane», le dije sin estar muy convencida.

Pocas semanas después, estábamos otro día charlando en la barra, cuando me dijo: «He reflexionado mucho sobre el tema. Fíjate, vienen aquí a comer, me cuentan sus historias. Hay uno de ellos que viene a tomar café que perdió a su hija cuando era muy pequeña... Me da pena. Y luego leo la prensa y todo lo que se ha dicho sobre este tema del consentimiento. Me ha hecho plantearme mis propios comportamientos como marido, si alguna vez le he echado cara».

El viaje de transformación era para todos: yo empezaba a encontrar explicaciones, Sofiane empezaba a hacerse preguntas.

El tribunal: la sala Voltaire

Los espacios nos construyen. Las casas donde vivimos, los lugares donde pasamos las vacaciones de verano, una playa o un pupitre. Lugares en los que hemos sido felices y a veces también espacios llenos de miseria. Como la sala de un tribunal penal. No olvidaré la Sala Voltaire del Tribunal de Aviñón. Todo en este caso era increíble y la disposición del espacio era particular. De frente, el presidente, Roger Arata, un juez serio pero empático, con mano izquierda, con un bigote a lo francés, al que los periodistas llamábamos por su nombre de pila. Junto a él, el resto de los jueces, cuyas identidades no trascienden. Su ayudante era una mujer rubia, de unos cuarenta años, muy afilada cuando hacía preguntas y muy expresiva. No podía evitar esbozar una sonrisa cuando la declaración rozaba lo delirante, algo que ocurría con bastante frecuencia. A la derecha de los jueces, mirando desde el fondo, donde estaba la prensa, se sentaban Gisèle Pelicot y sus dos abogados. A la izquierda, justo enfrente, estaba su marido, encerrado en un box blindado, con su abogada sentada a una mesa justo debajo. Si ella quería hablar con él, tenía que acercarse al cristal; a veces, si había acabado la sesión, incluso entrar en aquel espacio.

Durante todo el juicio se percibió, en parte por la disposición de la sala, un hilo invisible entre ambos: víctima y verdugo, marido y mujer. El resto estábamos repartidos en los banquillos: los abogados y acusados en libertad provisional se sentaban en los de la parte delantera y la prensa en los bancos más cercanos a la puerta. Había otro espacio blindado en el lateral para los acusados que comparecían detenidos. En el de Pelicot estaban los que tenían más cargos, los que habían ido más veces a Mazan. Casi siempre se sentaban en el mismo sitio. Me resultaba curioso que eligieran siempre el mismo lugar, como si les hiciera sentirse más seguros.

He soñado mucho con esa sala, de la que contra todo pronóstico acabaría despidiéndome con una compleja mezcla de sentimientos y plena conciencia del viaje personal que había hecho allí dentro. Por las noches, soñaba con los incómodos bancos donde nos apretábamos porque no había sitio, donde no sabías cómo colocar la pierna para sujetar el ordenador, porque era la postura que ibas a adoptar durante horas. A veces las apoyábamos sobre las mochilas que estaban en el suelo para poder estar más cómodos. En la sala del tribunal solo había un enchufe, así que varios de nosotros, los que íbamos más a menudo, compramos adaptadores múltiples para que todos pudiésemos cargar. El compañero que aparecía una mañana con uno era ovacionado por el resto. Era como si hubieran venido los Reyes Magos. Había ansiedad cuando ninguno lo traía y temíamos quedarnos sin batería en mitad de la audiencia. Había quienes tomaban notas en cuadernos, lo hicieron desde el principio; para mi asombro, iban subrayando sobre la marcha. Cuatro meses de juicio en cuadernos. Las declaraciones iban deprisa, algunos de los acusados no se expresaban bien o lo hacían muy bajito, así que cuando no entendíamos bien algo mirábamos el ordenador o los apuntes del de al lado. Siempre hubo compañerismo en esa sala.

Las semanas en las que estábamos pocos, a veces conseguíamos una mesa y era como si nos hubiera tocado la lotería. Otro privilegio era poder entrar sin tener que hacer colas. Solo ocurrió los meses centrales del juicio, cuando tenía menos interés mediático. Las semanas clave, cuando declararon Gisèle o Dominique, y las últimas fueron un infierno porque solo había treinta espacios para la prensa y éramos más de doscientos periodistas acreditados, así que había que llegar a las siete de la mañana y hacer cola. Llegó un momento en el que se restringieron los puestos para la prensa internacional: solo había cinco, así que los más madrugadores éramos los extranjeros. Kim, compañera de *The Guardian*, se hizo con el récord matutino y llegó un día a las seis y media. El tribunal abría a las nueve. Esas semanas de más interés mediático salías de la audiencia a mediodía y te ponías directamente en la cola, sin transición, para poder entrar tras la pausa. Los sitios dentro estaban cotizados. También había una sala de retransmisión, donde entraba el público y donde había un par de pantallas para seguir el juicio, pero no era lo mismo, porque allí solo escuchabas, pero en realidad te lo perdías todo porque no podías apreciar la atmósfera, las actitudes y reacciones de los protagonistas. Nasser era uno de los policías de la puerta, muy corpulento y simpático. Como ya me tenía fichada, cada vez que me veía en la cola, decía «la de *El Mundo*» y me colaba rápido. Era muy consciente de quiénes habíamos pasado allí casi todo el juicio y orquestaba las entradas. Britta le cedió una vez el sitio a una compañera alemana y se fue a la sala de retransmisión, así que él, en el siguiente descanso, le dijo: «He visto tu gesto, pasa». El aforo era importante porque eran muchos acusados, una parte custodiados en los boxes, y había que garantizar la seguridad.

Pasábamos tantas horas dentro que a veces era agotador y también aburrido. Entonces, me fijaba en los detalles de la sala. En los días de hastío, además de contar los focos del techo, observé mucho también el tapiz color burdeos que había en lo alto de la sala, justo en la parte destinada a los jueces, y me quedé con el ruido de las persianas que se bajaban y caían sobre él a media mañana, cuando aún era verano, para evitar que entrase la luz. Las persianas hacían un ruido extraño y como no se veían, nadie sabía qué estaba pasando. La luz que bañaba la sala antes de que cayese el telón creaba un momento singular: en mitad de una declaración difícil de digerir, cuando los rayos de sol iluminaban los rostros de algunos acusados, se creaban escenas pictóricas, casi oníricas, y te enganchabas a eso. Ojalá hubiera sabido dibujar para poder reflejarlo. En esa sala llena de historias de miseria te aferrabas a pequeños momentos: una sonrisa, una mirada amable, un compañero compartiendo caramelos, alguien que te cede el asiento, una mirada buscando alivio, los lapsus del presidente del tribunal que nos provocaban risa... También un rayo de luz sobre un hombre que está declarando por un crimen de violación agravada. Era algo bello. Y dentro de esa sala, te asías a eso con fuerza hasta encontrar el siguiente bote salvavidas.

La primera vez que entré en aquella sala llevaba sandalias y tirantes, y la última vez salí con abrigo y bufanda. Aquella primera semana de septiembre aún hacía sol. Esas luces creaban en los rostros reflejos arcoíris que luego, a medida que los relatos se hacían más duros, se fueron apagando.

7

LA ABOGADA DEL DIABLO

Defender lo imposible

La mayor parte de las periodistas que cubrimos el juicio de Mazan asiduamente éramos mujeres. La mayoría vivíamos en París, pero nos las habíamos arreglado con nuestros jefes para poder seguir el proceso. Durante meses, nuestra rutina laboral de la semana consistió en coger el último tren del domingo por la noche o el de las seis de la mañana del lunes para llegar a tiempo al Tribunal de Aviñón, dormir en hoteles o apartamentos de Airbnb y pasar horas en un banquillo tomando notas, viendo vídeos de violaciones y escuchando declaraciones insólitas de hombres disfuncionales. No siempre podíamos quedarnos toda la semana, pero la estirábamos todo lo posible, algunas dejando a los niños con sus padres o abuelos y las que no los teníamos, relegando todo lo demás: amigos, familia o pareja. Entre los asistentes habituales al juicio en las semanas menos mediáticas, solo había un exiguo grupo de hombres de la prensa local y un par de periodistas de algunos medios nacionales, que se turnaban con compañeras. El resto éramos autoenviadas especiales que habíamos convencido a unos y a otros para cubrir nuestras ausencias, en redacción o en casa. Intuíamos que el juicio podía marcar un antes y un después y estábamos convencidas de que lo más importante que estaba pasando en Francia en ese momento ocurría en Aviñón, no en París. Iñaki Esnal, mi amigo de la televisión pública vasca, peleaba con sus editores para intentar contar a menudo cómo marchaba el proceso dentro de su informativo. Casi siempre se salía con la suya. Yo, a veces, hice trampas: escribía sobre algo que estaba pasando en París en las pausas de la comida o cuando acababa la jornada. No nos importaba hacer doble trabajo. Durante cuatro meses, por convicción o vocación, o ambas cosas, aparcamos nuestra vida personal para encontrar respuestas a lo inexplicable y tratar de explicárselo al resto.

Como nosotras, muchos de los abogados de la sala, entre los que estaba la que defendía a Dominique Pelicot, Béatrice Zavarro, se volcaron en el juicio de forma extraordinaria. No había seguido nunca un proceso criminal de estas características, así que no podía hacerme una idea del volumen de trabajo que tiene que afrontar un abogado para prepararse un juicio así: tenían que conocer bien el sumario, unas cuatrocientas páginas, que en Francia se llama orden de acusación (*l'ordonnance de mise en accusation*), el famoso OMA que muchos periodistas teníamos y que recogía las historias de los acusados, el resumen de los hechos y parte de los interrogatorios que se llevaron a cabo tanto durante la custodia policial como ante la jueza de instrucción (en Francia a esta fase se le llama «proceso verbal»). Los abogados tenían acceso a los documentos completos. En el caso que nos ocupaba, además, habían tenido que visionar los vídeos de los actos sexuales, que eran las pruebas de los crímenes, y revisar los peritajes realizados por los psicólogos y psiquiatras a los acusados. En un juicio normal suele haber uno, pero en este eran cincuenta (había uno fugado).

Ese era el volumen de trabajo que estaba a punto de aterrizar en la mesa de Béatrice Zavarro tras recibir una carta judicial en su casa de Marsella una mañana de marzo de 2021. Venía de parte de un hombre llamado Dominique Pelicot y en ella se le exponía el caso y la petición para que le defendiera. Otro cliente la había recomendado: «Cuando lo leí, ya vi que era fuerte». El reto no era fácil: estaba acusado de varios delitos, entre ellos el de haber violado a su mujer y haberla drogado para ofrecerla a decenas de hombres. Durante diez años. Como había grabado los actos sexuales, las pruebas eran irrefutables y era muy difícil que escapara a la pena máxima por violación, que en Francia es de veinte años de cárcel. Además, lo había confesado todo. La abogada tenía todo que perder, pero, paradójicamente, también mucho que ganar, pues su cliente no estaba solo en el caso, había otros cincuenta que, en su mayoría, negaban el crimen, así que decidió aceptar. Iba a defender lo indefendible.

Béatrice Zavarro rondaba los cincuenta, su altura apenas superaba el metro y medio, llevaba el pelo muy corto, a lo *garçon*, canoso, unas gafas de montura roja que abarcaban toda su cara y anillos enormes de colores, más grandes casi que sus dedos. A veces llevaba un fular o alguna prenda roja, que asomaba bajo su toga negra. A diferencia de los abogados de algunos acusados, que gritaban, lanzaban acusaciones o se expresaban de manera agresiva, sobre todo cuando se dirigían a la víctima, Béatrice era calmada, afilada en sus interrogatorios, pero siempre respetuosa, humana y elegante.

La abogada del diablo, como la bautizamos la mayoría en los artículos de la prensa, era luz en aquella sala gris. Hay una anécdota que lo ilustra bien y es que, cuando salía a interrogar (casi siempre la última), llevaba en la mano folios de colores con sus anotaciones. Un día eran azules, otro rojos, naranjas, verdes... Yo estaba convencida de que le había adjudicado un color a cada acusado, que era su forma de organizarse entre tanto hombre y tanto nombre, pero el número de criminales excedía el abanico de tonos disponible. Un día, en un receso, me acerqué y le pregunté: «*Maître* Zavarro (letrada, que es como nos dirigíamos a los abogados), por curiosidad, ¿usa colores distintos con cada acusado?». Se me acercó al oído y me respondió sorprendida: «Pero ¿cómo sabes tú eso?». Le dije que me había llamado la atención que los folios en los que anotaba las preguntas no fueran blancos. Me respondió, con ese desparpajo simpático que tenía: «¡Ah, vale, los folios! Es para dar un poco de alegría y de color al día a día en esta sala». Entendí que había un código Pantone en su método de trabajo, al margen de mi observación, pero no quise indagar. Era una mujer magnética, con fuerte personalidad, cercana y empática, muy respetuosa, y eso hizo que todos, la prensa, los abogados de los otros acusados y los de la propia Gisèle la apreciáramos rápidamente. No la miramos con recelo a pesar de que iba a defender al mayor depredador sexual que se conocía en Francia en décadas. Sacudió los prejuicios hasta de los más escépticos, incluso de algunas compañeras que, al principio, no entendían que una mujer pudiera defender a un perfil semejante, como si fuese una traición a todas. Ella contó que recibió amenazas, y en alguna ocasión se la increpó en la puerta del tribunal. Al final, se ganó el respeto de las mujeres y de los movimientos feministas que no cayeron en el argumento polarizado clásico.

Iba siempre acompañada de su marido, Édouard. Todos los periodistas pensábamos que era su escolta o su ayudante, porque era corpulento y a veces le llevaba la maleta. Entraban juntos en la sala del tribunal; como él había trabajado en el ámbito judicial y estaba jubilado, se quedaba durante toda la jornada, porque le interesaba escuchar las audiencias, y luego salían juntos. Habían alquilado un apartamento en Aviñón para los cuatro meses de juicio, pero se iban el fin de semana a su casa en Marsella, que está a solo una hora. Béatrice y Édouard llegaban cada lunes al tribunal muy temprano y, antes de que se abriese la sala, según íbamos llegando los periodistas, nos saludaban y nos daban la mano o nos chocaban el puño uno a uno. Como llegaban siempre los primeros, a veces Édouard aparecía con cruasanes para los policías que custodiaban la sala donde se celebraban las sesiones, fumaba con los periodistas que estábamos en la puerta y comentábamos la jornada anterior: si nos había parecido creíble el acusado, si era peor que el precedente... Improvisadas tertulias criminales de las ocho de la mañana.

Una noche, Britta y yo cenamos con ella y con Édouard. Esa mañana, en las primeras semanas del juicio, le preguntamos si tenía un rato para atendernos: «¿Nos vemos cuando acabe el día y tomamos algo?». Ella siempre era así: no te atendía, te dedicaba tiempo. Fuimos a uno de los restaurantes que había al lado del tribunal, en una callejuela tranquila. Pedimos vino, quesos y embutido. Béatrice nos contó que, cuando aceptó ser «la abogada del diablo», nunca imaginó que el juicio iba a tener tanta repercusión mediática. En el pasado había defendido a una víctima, al padre de una niña que había sido asesinada en otro conocido caso en Francia, pero nada comparado con la dimensión de aquello. «Ser el abogado de la víctima parece más fácil, pero a veces es más duro, porque ¿cómo le explicas a su familia que no se ha hecho justicia?». Algunos abogados eran escépticos con la prensa, pero ella entendió de inmediato que estábamos en el mismo barco, intentando comprender y explicar al resto lo inexplicable.

A Béatrice, como al resto de nosotras, le costaba mucho desconectar el fin de semana. Durante la cena, ella y Édouard nos contaron que cuando volvían a casa con su hijo los fines de semana, le taladraban con el tema del consentimiento. Édouard, en un comentario aparentemente de queja que en realidad revelaba una gran admiración, nos dijo que ella trabajaba todo el tiempo. Yo me la imaginaba en su casa de Marsella, entre montañas de papeles, revisando y tomando notas en sus folios de colores.

Una mañana en la que estaba prevista la declaración de uno de los acusados y, por tanto, la proyección de los vídeos de sus violaciones a Gisèle Pelicot, Édouard nos contó que Béatrice había madrugado más de la cuenta para revisar bien las imágenes. Su cliente difícilmente iba a escapar de los veinte años de pena máxima por los delitos que había cometido, pero su empeño era otro. Como ella me dijo: «Mi guerra es contra esos cincuenta hombres». Los que eludían su responsabilidad individual en el sufrimiento, inconsciente pero mayúsculo, de la víctima. Dominique Pelicot reconoció todos los hechos y había pruebas irrefutables, así que su guerra no era ni mucho menos que se le absolviera, sino que el resto de los que participaron en la trama no quedasen impunes.

En las audiencias ella siempre interrogaba la última o de las últimas. Las comparecencias de los acusados se organizaban siguiendo este orden: primero declaraba el implicado de manera espontánea. Se le dejaba expresarse, aunque en la mayoría de los casos no tenían mucho que decir, así que se pasaba a la siguiente etapa, que era el interrogatorio del tribunal. Preguntaba el presidente, Roger Arata, y luego el resto de los jueces que lo conformaban. Después, era el turno de la Fiscalía, en este caso formada por un hombre y una mujer, y luego les tocaba a los abogados de la víctima. El turno de los de la defensa, los de los acusados, era el último.

En un juicio normal y corriente, hay un acusado y una

o varias víctimas, dos partes. En este había dos anomalías. La primera era que sucedía a la inversa: había una sola víctima y cincuenta y un acusados. La segunda anomalía era que estos últimos estaban jerarquizados, pues había un acusado principal, Dominique Pelicot, y otros cincuenta, cómplices y también ejecutores de los actos sexuales, cuya mayoría delegaba la responsabilidad en el primero. Eso complicaba la trama, pues había una víctima que acusaba a los cincuenta y uno, un encausado principal que asumía sus actos pero eludía la responsabilidad de los actos cometidos por los cincuenta hombres, y la mayoría de estos últimos, que le echaban la culpa a Pelicot. Por ese motivo, Béatrice Zavarro intervenía al final.

Aprendí mucho de sus interrogatorios; el arte de preguntar de un juez o un abogado, si es bueno, es muy superior al de un periodista, porque no hay pregunta vacía, sin intención. Béatrice, a diferencia de otros, venía con la lección del día aprendida, acorralaba a cualquier acusado que intentaba minimizar la relación que había tenido con Dominique Pelicot o decía haber sido manipulado. En algunos casos, en los de los perfiles con personalidades débiles o influenciables y poca capacidad de reflexión, podía ocurrir. No así en otros. Con esos era especialmente incisiva. Una de las declaraciones más increíbles fue la de Redouane el Farihi, un enfermero que tenía un trámite de adopción de un niño en curso antes de ser detenido y que violó a Gisèle Pelicot el 8 de junio de 2019. Su declaración, el jueves 3 de octubre de 2024, fue tan teatral y sobreactuada que causó carcajadas sonoras en la sala. El resto de los acusados le llamaban «el tarado». Defendía una teoría conspirativa según la cual víctima y verdugo se habían aliado para sacar beneficio económico de una trama en la que el resto, los otros cincuenta, eran víctimas también. Dominique Pelicot nunca cobró por las violaciones, así que su teoría no se sostenía por ninguna parte. El Farihi, que llegaba a la sala con anotaciones en folios (blancos), alegaba haber sido víctima de un clima de terror en la habitación conyugal de Mazan que le había paralizado, y dijo incluso haber temido por su vida. Gesticulando con las manos y en un intento real de convencer al tribunal, dijo que Dominique Pelicot le aterrorizó tanto que le recordó a Anthony Hopkins cuando interpretó al caníbal Hannibal Lecter en la película *El silencio de los corderos*. Fruto de ese miedo insoportable, no le quedó otra que cometer la violación para salvar el pellejo. Su actuación era realmente cómica. El problema de la mayoría de los acusados era que se les olvidaba que, tras su declaración, íbamos a ver los vídeos de sus violaciones y eso ya tenía menos gracia.

Tras el visionado de uno de los que le implicaban, Béatrice Zavarro lo interrogó.

Béatrice Zavarro: ¿Cuándo dice usted que se inició el primer contacto con el señor Pelicot?

Redouane el Farihi: ¡Búsquelo usted misma en el sumario!

Zavarro, calmada, mantenía la compostura.

BZ: No soy yo quien tiene que dar explicaciones aquí [...] Dice usted que en esa habitación, cuando cometió los actos sexuales, lo hizo porque recibió órdenes de Dominique Pelicot. ¿Por qué, entonces, le acaricia los pies a la víctima? ¿También era una orden suya? Porque en el vídeo no se percibe que él se lo pida.

RF: Estaba aterrorizado, estaba intentando distraerle todo el rato porque tenía miedo de entrar en ese vacío terrorífico y que me hiciera algo. En presencia de ese personaje, a las tres de la madrugada en esa habitación y en ese pueblo que yo no conocía, me parecía una situación aterradora.

Redouane el Farihi violó a Gisèle Pelicot porque tenía que distraer a Hannibal Lecter. Hasta a la propia víctima le costaba contener la risa.

BZ: Pero usted podía salir de la habitación, ¿o la puerta estaba cerrada con llave?

RF: Estaba en una situación de verdadero peligro con el señor Pelicot. Lo que pasó con Gisèle fue periférico.

Ella fue el daño colateral del terror que él, como víctima, sintió.

A veces, daba igual haberse preparado el caso del acusado y un interrogatorio impecable, anotado en folios de colores o blancos, las respuestas eran de lo más desconcertantes y desesperantes.

Dominique y Béatrice

Una de las grandes paradojas de Dominique Pelicot tiene que ver con su particular visión de la fe. No la tenía en la religión, pero sí en las mujeres.

En su infancia y adolescencia no pudo o supo rescatarse a sí mismo y se encomendó a la fe: primero, a la que le inspiró su madre, Juliette, a la que él describía como una mujer dulce y buena, pero sometida por su padre. Después, fue Gisèle la que lo rescató de ese núcleo familiar disfuncional y opresivo, pero a la que él, al final, convirtió en Juliette. Un día, en uno de los interrogatorios, cuando se le preguntaba sobre si su relación con las mujeres había sido tóxica o dominante, dijo: «Nunca he tenido fe en nada ahí arriba, yo solo he creído en dos dioses en mi vida: mi madre y Gisèle».

El tercero, cuando ya lo tenía todo perdido, era otra mujer, Béatrice Zavarro.

Hay gente que viene, si no a salvarte, al menos a redimirte. Juliette no pudo rescatar a su hijo. Gisèle lo intentó, pero Dominique no se dejó salvar y la arrastró. A sus setenta y dos años y con una condena que le iba a impedir salir de la cárcel con vida, Béatrice era el último asidero que tenía el depredador de Mazan, un hombre que, incapaz de rescatarse a sí mismo, solo se aferró a mujeres.

El 4 de marzo de 2021, Béatrice Zavarro se entrevistó con Dominique Pelicot en la cárcel de Baumettes, en Marsella, una de las que peor fama tienen en Francia, pues hay muchos presos vinculados al narcotráfico. «Me habló de los hechos por los que había sido encarcelado. Lo reconoció todo, no pidió la libertad condicional, pero no quería que el resto quedara impune», dijo ella.

Béatrice aceptó darle amparo porque creía que ese hombre, también él, merecía una defensa. Tenía todo que perder, porque él admitió los actos y era difícil lograr, como abogada, que se le rebajara la pena. Era imposible a la luz de los miles de vídeos de las violaciones a su mujer que tenía almacenados en sus archivos informáticos. Pero también tenía mucho que ganar porque, como ella misma nos dijo en aquel restaurante cenando, su batalla era contra cincuenta hombres que, como el aterrorizado El Farihi, que decía ser víctima de una especie de Hannibal Lecter, querían eludir la responsabilidad de sus crímenes y delegarla en su cliente.

A muchas mujeres, al principio, les costaba entender que otra pudiera defender a un hombre que había perpetrado semejantes crímenes sobre la que había sido la mujer de su vida. Cuando estaba a punto de dictarse sentencia, un grupo de feministas se manifestaron frente al tribunal. Había un fuerte dispositivo policial porque los acusados que estaban en libertad salían por la puerta y se temía que pudiera haber altercados con ellos. Estos salieron por la de atrás, para evitar riesgos, y la que lo hizo en medio del tumulto fue Béatrice. Un grupo de mujeres la empezó a increpar. Intentó hablar con ellas, pero no la dejaron y Édouard tuvo que sacarla de allí para impedir que la tensión fuera a más. Esas mujeres no habían entendido lo esencial: en esa búsqueda de la justicia en la que ella creía, para que cada individuo pagara por lo que había hecho, en realidad Béatrice se colocaba en el bando de Gisèle. Defendía a su marido, que lo tenía todo perdido e iba a ser condenado a la pena máxima, pero el objetivo era que los cómplices no quedaran impunes. Algunos abogados de los implicados incluso la acusaron de comportarse como un fiscal.

Era curioso observar la relación de confianza que se había generado entre abogada y cliente. Él, un hombre corpulento y recostado en su silla medicalizada. Ella, menuda y muy activa. A veces, entraba en la sala blindada para hablar con él y, cuando quería salir, se perdía y acababa en el otro box, en el de los otros acusados. Era divertida y se tomaba las cosas con humor, incluso cuando el presidente del tribunal arremetía contra ella y la interrumpía o no le dejaba acabar sus intervenciones. A Dominique Pelicot lo único que le quedaba era su abogada. Ella ordenó su traslado a una célula de aislamiento en un momento en el que recibió amenazas en la cárcel y pensó que su vida corría peligro.

Aunque Béatrice decía que él fue sincero en todo momento con ella y le contó la verdad, en el relato de Dominique Pelicot había algunos puntos ciegos. El más importante tenía que ver con su hija, Caroline, y la posibilidad de que abusara de ella. En los archivos que le incautaron, los investigadores encontraron algunas fotos eliminadas en las que ella aparecía semidesnuda y tumbada en una cama, aparentemente durmiendo. Caroline estaba convencida de que su padre también había abusado de ella, pero él lo negaba y reaccionaba airado, aunque nunca dio una explicación a por qué esas imágenes se encontraban en sus archivos. Escribió una carta al marido de su hija para decirle que no la tocó. «Él siempre me ha contado la verdad de todo, así que en esto no tengo motivos para no creerle», decía Béatrice.

Los alegatos de la defensa se hacían al final de todo el juicio, tras las declaraciones de todas las partes y antes de la sentencia. Por turnos, cada abogado salía a argumentar los motivos por los que pedía la absolución o la rebaja de la pena para su cliente. Este momento es como una especie de lectura de tesis ante un tribunal o una ceremonia de graduación del juicio. Se notaba que era importante porque traían invitados, se lo preparaban antes, algunos traían folios manuscritos, otros impresos, y algunos abogados, los más veteranos, improvisaban y adornaban sus grandilocuentes exposiciones con citas de autores franceses. El día que les tocaba exponer había menos sitios para la prensa en el banco porque invitaban a familiares o compañeros. Aunque las plazas estaban muy cotizadas, yo conseguí una en la sala el día que Béatrice Zavarro hizo el alegato final por Dominique Pelicot, gracias a Nasser, que me dejó entrar de las primeras a pesar de que la prensa nacional tenía prioridad. Durante el juicio, siempre se colocaban la toga encima de la ropa, ese día Béatrice llegó más elegante de lo habitual. También lo estuvo en las formas, al dirigirse en primer lugar a la víctima de su cliente: «Primero quiero dirigirme a usted, señora. Tengo un profundo respeto por usted y por lo que representa. Un profundo respeto por hasta qué punto usted ha demostrado dignidad. Tengo un profundo respeto, quiero que lo sepa».

Luego habló a su cliente: «Desde el 2 de septiembre de 2024 me he convertido en la abogada del diablo. Sin embargo, señor Pelicot, ese 2 de septiembre de 2024, el día de mi cumpleaños, éramos usted y yo contra el mundo». Habló de la profunda soledad que había sentido, en ese extremo izquierdo de la sala, al defender lo indefendible. Édouard la observaba desde el banquillo. «Esa soledad me ha pesado profundamente, intensamente. Me ha pesado porque algunos no han visto la abogada que soy».

Creo que en eso se equivocaba. La mayoría vimos la gran altura que escondía ese metro y medio de mujer que aportaba color al tribunal en ese lado izquierdo, en su mesa, al lado del monstruo de Mazan. Como Gisèle, que se sentaba justo enfrente, en el extremo derecho con sus abogados. Esas dos mujeres, luces enfrentadas y cada una en el papel que le había tocado o había decidido vivir, eran los dos faros en una sala donde lo que se presenciaba a menudo era difícil de sobrellevar. A Dominique Pelicot había que reconocerle un gran talento, probablemente el mayor de su vida: el de haber sabido aferrarse a mujeres extraordinarias que aportaron luz a su oscura existencia y, cada una a su manera, le dieron amparo en los momentos difíciles. Quizá en ese punto, el de saber elegir en qué proyectar la fe, sí que supo salvarse.

8

DOS HOMBRES Y EL CONSENTIMIENTO

El tabú

Cubrir el proceso de las violaciones de Mazan tenía un coste personal. No nos dimos cuenta de inmediato, sino cuando ya nos estaba pasando factura. Lo hablé mucho con Clara Seren Rosso, compañera francesa que trabajaba para varios medios. Llegaba sin hacer ruido y se colocaba en una esquina en la sala del tribunal sin llamar mucho la atención. Salía a fumar un poco apartada del grupo de periodistas francesas, cosa que yo a veces también hacía, así que un día comenzamos a hablar. Cuando ya cogimos confianza, entre cigarro y cigarro, abordamos el tema espinoso de esta experiencia profesional: cómo nos estaba afectando el juicio a nivel personal, cómo había cambiado nuestra mirada sobre los hombres. Coincidíamos en que nos habíamos vuelto más desconfiadas. Era un tema recurrente.

Después de las audiencias, quedábamos para tomar algo en el bar de Sofiane y compartíamos experiencias anteriores al juicio que las circunstancias nos habían empujado a revisar, esas situaciones un poco al límite en las que nos habíamos sentido acosadas, tratadas como objetos o habíamos hecho cosas un poco forzadas. Casi todas reconocimos haber hecho algo que no queríamos en algún momento por miedo a encontrarnos en una situación incómoda, por complacer o por satisfacer necesidades ajenas, no las propias. También estaban los compañeros o amigos que, a raíz del juicio, confesaron que habían pensado en aquellas veces en las que le habían echado un poco de cara, conscientes de que no había un consentimiento claro de la otra parte. Incluso Sofiane se vio obligado a revisarse cuando me contó que a veces él insistía a su mujer para tener relaciones sexuales cuando a ella no le apetecía. Este asunto, un tema tabú del que ninguno de nosotros había hablado ni siquiera en círculos íntimos, nos golpeaba, pues, al verbalizarlo, tomábamos conciencia de que, en mayor o menor medida, todas habíamos sido víctimas (y ellos victimarios), de una manera u otra, de esa visión patriarcal de la mujer. Se trataba de una caja de Pandora que no habíamos abierto hasta que Gisèle Pelicot inició el debate y fuimos de repente capaces de hablar incluso entre desconocidas.

Como respuesta, fantaseábamos con la rebelión. Louise, la enviada del periódico francés *Le Parisien*, tenía mucho desparpajo y dijo un día que la cosa era como para proclamarnos masivamente en huelga sexual. Otro de los días de vino y desahogo, yo propuse imprimir camisetas con el lema: «Follar no es un derecho». Lo decíamos más en serio que en broma.

Sin embargo, muchos de los acusados presentes en la sala creyeron en su momento que sus necesidades sexuales tenían que ser satisfechas, al igual que respirar o comer, a toda costa, como si fuese un derecho inscrito en la Declaración Universal de los Derechos Humanos, cuya traducción en francés, curiosamente, es Declaración Universal de los Derechos del Hombre. Algunos estaban frustrados con sus parejas, tenían relaciones pobres o insatisfactorias. Otros querían ir más allá porque todo les parecía poco y unos cuantos sumaban el sexo a otras adicciones. Para poder subsistir a la realidad que íbamos vislumbrando, nos aferrábamos al humor. Las declaraciones de los acusados revelaban el sitio dónde colocaban a la mujer en sus relaciones sexuales y, sobre todo, el absoluto desconocimiento que tenían de la noción de consentimiento, para la mayoría algo absolutamente novedoso e incomprensible. Un invento moderno. «Como estaba su marido presente, no era una violación» era el argumento más recurrente. Jacques Cubeau, de setenta y tres años en el momento del juicio y el acusado de mayor edad, dijo sobre el consentimiento: «No es algo de mi generación, cuando se hablaba más de la mujer como propiedad del hombre. Espero que las nuevas generaciones lo aprendan». Entre aquellas declaraciones desasosegantes, en el día a día, además de al humor, nos aferrábamos también a dos hombres: Stéphane Babonneau y Antoine Camus.

En la foto inicial ellos pasaron desapercibidos. Todos los focos se centraron en aquella mujer con gafas ahumadas que, al principio muy discretamente, había decidido abrir su terrible historia al mundo. Gisèle Pelicot entraba al Tribunal de Aviñón con su bolso cruzado y acompañada de dos hombres que la escoltaban, cada uno con su *trolley*. Eran sus abogados, los que la iban a defender ante otros cincuenta y un hombres, entre ellos su marido. Gisèle Pelicot empezó teniendo una abogada, pero durante el proceso de instrucción, que duró tres años, al final decidió cambiar de letrado. Creo que la mejor decisión que pudo tomar es elegir a dos hombres para representarla, sobre todo porque reforzó su verdadera intención: ella nunca quiso convertir su caso en una guerra de sexos, de hombres contra mujeres, ni estigmatizarlos ni meterlos a todos en el mismo saco. Dijo no sentir odio, sino que lo que pretendía era denunciar la violencia sexual a «hombres y mujeres». Hacerlo extensivo era generoso cuando lo hacía ante el tribunal, delante de muchos de sus violadores a los que había oído contar cómo ellos mismos habían sufrido abusos en su infancia o adolescencia. El propio Pelicot, su marido.

Durante todo el proceso, Stéphane Babonneau y Antoine Camus fueron la voz de Gisèle Pelicot fuera del tribunal, pues ella apenas habló a la prensa. A través de ellos, expuso al principio sus intenciones, cuando dijo que quería que el juicio fuera público para que «la vergüenza cambie de bando», para que la víctima deje de ser la que se esconda por los actos criminales cometidos por otros. «No es ella la que tiene que tener vergüenza por lo vivido», dijo Babonneau. Fue el primer día del proceso, cuando aún llevaba sus gafas ahumadas y aún no se había enfrentado cara a cara a sus cincuenta violadores. Al mes y pico, a mediados de octubre, hizo otra breve declaración para agradecer las muestras de apoyo recibidas, entonces ya sin gafas, rodeada de cámaras de televisión y ovacionada por decenas de mujeres en el vestíbulo, la llamada Sala de los Pasos Perdidos del tribunal.

A medida que, audiencia tras audiencia, Gisèle se despojaba de esa vergüenza con la que tuvo que huir de su hogar conyugal en noviembre de 2020 y llenaba de dignidad ese bolso cruzado con el que acudía al tribunal, el vestíbulo se llenaba de flores y aplausos de agradecimiento por haber liberado a las víctimas de su papel secundario y de duda, del estigma y de ser las grandes perdedoras. Esa imagen de ella, flanqueada por esos dos hombres que eran mucho más que sus abogados, se convirtió en icónica. Stéphane Babonneau y Antoine Camus fueron su sostén durante meses, sus portavoces. Hablaban con los periodistas a diario, siempre estaban disponibles para charlar, para una entrevista o un café. Comían los tres juntos en el restaurante 75, que tenía un bonito jardín.

Un día, Clara y yo estábamos en un bar cercano al 75, y en la mesa de al lado había una mujer que había dibujado en un papel un mensaje de apoyo a Gisèle con ceras de colores. Cruzó de acera y lo colocó en la pizarra que había en la puerta del 75, donde ponían el menú del día. La mujer se marchó y, al rato, salieron Gisèle Pelicot y Stéphane Babonneau. Este último, al ver el mensaje, llamó a Antoine

Camus, que iba rezagado, y se pararon a leer la nota, que se llevaron consigo mientras iban comentándola. Ambos eran los depositarios de muchos de los mensajes de apoyo y cariño que Gisèle recibía a diario de todas partes del mundo. Avanzaba el juicio y, cuando acababa la sesión del día y salían de la sala del tribunal, cada vez había más mujeres, también algunos hombres, que le aplaudían y le entregaban flores, cartas o regalos. Ellos dos siempre la esperaban y acompañaban, hasta que acababan los aplausos y los tres se llevaban consigo la sororidad de ese vestíbulo. Si Béatrice Zavarro fue el sostén de Dominique Pelicot, su mujer y víctima, Gisèle Pelicot, encontró en esos dos hombres el suyo.

Todo en el juicio de Mazan parecía una película. Los protagonistas eran increíbles.

Un día, en una entrevista atropellada un viernes por la noche en un tren de vuelta a París, Antoine Camus me dijo que un día ella le preguntó: «¿Crees que he hecho bien en elegir a dos hombres para que me defiendan?». Gisèle tuvo la suerte, pero también el resto de las mujeres, de ser defendida por Stéphane Babonneau y Antoine Camus, que entendieron que el consentimiento era el núcleo de aquella macrocausa e hicieron de él su batalla.

En las audiencias los dos abogados se sentaban en el lado derecho del tribunal, en una mesa, con Gisèle detrás, justo enfrente de Dominique Pelicot y su abogada, sentada en una mesa delante él. Hacían de poli bueno y poli malo: Stéphane Babonneau era extremadamente educado, impecable, siempre con las palabras precisas y muy calmado, apenas se soliviantaba. Antoine Camus era más emocional, gesticulaba, se enfadaba y a veces se notaba que no podía contener una reacción. Era pasional. El presidente del Tribunal, a veces algo áspero, le acusaba de hacer preguntas largas y complejas que los acusados no entendían. Hacían un tándem perfecto. Se turnaban las preguntas en los interrogatorios. «Es que este juicio no lo puedes afrontar sin pasión», me repitió en varias ocasiones Camus. Tenía razón.

Stéphane Babonneau y Antoine Camus también habían renunciado a sus vidas personales y a la mayoría de los asuntos profesionales. Ambos vivían en París, así que se pasaban la semana conviviendo en un apartamento en Aviñón. Antes de Mazan no trabajaban juntos, cada uno tenía su propio gabinete, pero Gisèle les unió. A veces, como periodista, te obsesionas con un tema y tienes la sensación de que es la cobertura la que te ha elegido a ti y no al revés. En el caso de los dos abogados ocurrió lo mismo. Antoine Camus se dedicaba a temas financieros y de empresas y Stéphane Babonneau llevaba temas penales de lo más diverso. Un caso de violencia sexual fue, para ellos, como para mí, que venía de cubrir unos juegos olímpicos en París unas semanas antes, un choque inesperado.

El consentimiento

El consentimiento era ese concepto difuso del que la mayoría de los acusados apenas había oído hablar, y si les sonaba, les había costado asimilarlo. En la cárcel les habían explicado que, básicamente, el delito que habían cometido era no haber tenido el consentimiento explícito de la víctima, estuviera dormida o no. Ellos le daban vueltas y vueltas al tema, como si se les hubiera pedido descifrar una compleja fórmula matemática. El presidente del tribunal, Roger Arata, era el que empezaba los interrogatorios y entonces hacía una primera introducción del concepto.

«¿Cree usted que la señora Pelicot estaba en ese momento en condiciones de darle su consentimiento?», preguntaba sistemáticamente a todos los que reconocían el acto sexual, pero negaban la intención, es decir, el crimen de violación.

Había tres grupos de acusados según su respuesta. Los que admitían la evidencia: «No, no lo estaba» (pero «No me di cuenta» o «No reflexioné en el momento»). Los que hacían requiebros, amparándose en un «Bueno, pensaba que estaba despierta porque se movía», «Pensaba que fingía y que después se iba a despertar». Y, por último, estaba el grupo del consentimiento «por procuración», delegado en un tercero. Como estaba su marido, pensaban que tenían el permiso, que era un juego de la pareja. Ni antes ni durante los actos sexuales, Gisèle Pelicot no verbalizó nunca su acuerdo, pero no pareció importarles porque, en su vida, el concepto de consentimiento nunca fue un obstáculo para satisfacer sus deseos sexuales, más o menos insatisfechos, más o menos perversos. Tampoco se plantearon que ninguna mujer en su sano juicio aceptaría tener relaciones sexuales con un desconocido de las que no se va ni a enterar porque está inconsciente.

En prisión, antes del juicio, durante sus encuentros con los psicólogos, hubo que empezar por el principio, y se les explicó que para tener una relación sexual con otra persona y que no sea un delito, esta tiene que ser consentida; que una persona inconsciente no está en condiciones de consentir nada; y que, además, el consentimiento es personal e intransferible y no te lo puede dar un tercero, de la misma manera que no puedes coger un avión con un DNI de otra persona. Creo que Sofiane, el del bar de los acusados, sin estar presente en la sala, entendió el tema del consentimiento antes y mejor que todos esos clientes a los que a veces servía.

Pero para muchos, esposados y en una sala de interrogatorio, esa fue la sorpresa mayúscula de sus vidas. Se les acababa de informar de que habían cometido un crimen que desconocían: follar sin permiso. Era curioso ver a Stéphane Babonneau y a Antoine Camus instruyendo a la «clase», intentando, en los interrogatorios, que al menos esos hombres hicieran un ejercicio de reflexión y comprendieran lo que habían hecho. Camus les insistía, como si fuera el maestro que reitera la lección con el grupo de alumnos desaventajados, en la idea de que el consentimiento es «algo vivo, que se va renovando a cada momento». Personalmente, me sentía reconfortada y me reconciliaba con el género masculino al escuchar a esos dos hombres que defendían el consentimiento igual de bien que lo hubiera hecho una mujer.

En este punto, cuando a algunos acusados se les preguntaba sobre el permiso que jamás dio Gisèle para que esos desconocidos la tocaran, respondían cosas de lo más sorprendentes. Thierry Postat, uno de los acusados que comparecía detenido, había descubierto la pólvora hasta el punto de que, en su declaración, dijo que, cuando saliera de prisión, iba a montar una asociación para concienciar a otros hombres sobre la importancia del consentimiento. La carcajada en el banquillo de la prensa fue sonora. Ese hombre de sesenta y tres años, padre de tres hijos, tomó conciencia (con unas esposas puestas) de que el libertinaje que decía practicar a menudo para huir de su «miseria sexual» tenía un límite legal que se llamaba consentimiento y cuyo verdadero significado, a la luz de sus excusas, no había aún entendido. «Vale, reconozco una violación sin consentimiento, pero sin intención», dijo ante el tribunal.

A veces, los que no entendíamos absolutamente nada éramos los demás.

Thierry Postat hablaba con desparpajo, tenía el pelo largo y canoso y se sentaba en la parte media del box blindado, donde charlaba con el resto. No era de los tímidos, no se escondía. Hablaba seguro de sí mismo hasta la insolencia. El día que le interrogaron sobre una de las prácticas sexuales cometidas durante su visita a Mazan en agosto de 2020, en la que es difícil no percatarse del estado de inconsciencia de una persona, la desfachatez era patente en su cara.

Thierry Postat: «No era mi movida especialmente, pero continué un poco. No era algo que me diera placer».

Stéphane Babonneau: ¿Usó preservativo?

TP: Cuando estoy con otras parejas, hay dos cosas que

hago siempre: una es dar mi número de teléfono, para inspirar seguridad y que vean que no soy mala persona, y la otra es hacerme un test (ETS).

SB: ¿Y se lo hizo antes de ir a Mazan, con Gisèle Pelicot?

TP: No.

El libertinaje era una excusa muy recurrente, porque sus reglas parecían estar al margen de la ley. El interrogatorio de Antoine Camus a este mismo acusado fue de lo más ilustrativo.

Antoine Camus: ¿Estamos de acuerdo en que el consentimiento es algo que hay que dar directamente, que no se consigue por procuración, y que se da antes del acto sexual y durante todo el acto sexual?

Thierry Postat: Sí y no.

AC: Pero ¿entiende que el consentimiento es una conversación que se mantiene con la otra persona todo el tiempo?

TP: Puede ser, pero en el contexto del libertinaje, no se hace así.

AC: ¿Cree que ella aquel día consintió la penetración o que se le pusiera una venda en los ojos? ¿O usted tenía sensación de impunidad?

TP: No conozco ese vocabulario, no sé qué me dice.

Ese hombre, que seguía al pie de la letra la supuesta ley del libertinaje, había olvidado la existencia de esa otra ley, la que garantiza la convivencia en la sociedad. Poco antes, el presidente del tribunal, Roger Arata, le había preguntado si no se había dado cuenta de que, cuando Dominique Pelicot había girado de posición a la víctima, era evidente que ella estaba inconsciente.

Thierry Postat: No, porque no era como un cuerpo muerto, que necesitas a tres o cuatro personas para moverlo.

En el curso del mismo interrogatorio, a los pocos minutos, añadió: «Pensaba que dormía. Su piel no estaba fría». «Actuaba como una persona cuando hace el amor, que está viva».

El presidente del tribunal, visiblemente hastiado, le dijo: «Ya veremos en los vídeos si ella tenía la apariencia de ser alguien que quiere hacer el amor, que busca placer».

Afortunadamente, existían esos vídeos.

Stéphane, Antoine y los vídeos de Gisèle

A las pocas semanas de juicio, Gisèle Pelicot, Antoine Camus y Stéphane Babonneau lograron una primera victoria, ya inédita desde el punto de vista jurídico: que se visualizaran en público vídeos de violaciones a una víctima. Sin ellos, sin esas pruebas, no había caso; verlos era un trago difícil, pero era fundamental para ratificar muchas cosas.

Cuando los investigadores convocaron a Gisèle Pelicot en la comisaría de Carpentras en noviembre de 2020 para contarle la monstruosidad de la que, sin saberlo, había sido víctima, ella no quiso ver los vídeos. Le bastaron un puñado de fotos, entró en shock. Nadie está preparado para lo que ella iba a tener que ver.

En el mes de mayo de 2024, tras conversaciones con Gisèle, que no quería visualizarlos, Stéphane Babonneau y Antoine Camus la convencieron de que era necesario.

Fue entonces cuando Gisèle Pelicot decidió que el proceso se abriera al público. «Esto tiene que verlo la gente», les dijo a sus abogados. De la indignación de ese momento traumático salió la fuerza para exponerse más, cuando ya no tenía nada más que perder, pero sí mucho que ganar. Abrir el juicio al público suponía que cualquier persona que quisiera ir al Tribunal de justicia de Aviñón, a la sala de retransmisión habilitada para seguir las audiencias, vería estas imágenes.

«Supimos entonces que entrábamos en el ojo del huracán», me confesó Camus.

Los vídeos empezaron a proyectarse cuando comenzaron a declarar los acusados. Tras sus palabras, se procedía a visualizar algunos de estos archivos para contrastar sus testimonios. Con Dominique Pelicot no hacía falta, pues reconocía los hechos. Con los que lo hacían, tampoco se proyectaban, así que alguno decidió, a mitad de camino, retractarse y admitir el delito. Con los acusados que lo negaban, todo se desarrollaba más o menos según el siguiente esquema: el acusado empezaba a hablar sobre su vida, alguno se emocionaba, sobre todo cuando hablaba de pérdidas o traumas, de sus padres ausentes o de sus hijos, ahora también ausentes (en ese momento se activaba el mecanismo de la empatía). Luego hablaban de los hechos y argumentaban haber sido manipulados o engañados por Dominique Pelicot: que si no les dijo que había drogado a Gisèle, que si pensaban que se hacía la dormida y se iba a despertar, que si no salieron de casa pensando que iban a violar a nadie... La credibilidad de sus afirmaciones se desmoronaba a los pocos minutos, cuando el presidente de la sala le daba al play (instante en que se desactivaba el mecanismo de la empatía que se había iniciado minutos antes). En la mayoría de los vídeos, se apreciaba claramente que la víctima estaba inconsciente y que no iba a despertarse. La dureza de las imágenes variaba en función del acusado, pero en ningún caso se veía a hombres acorralados o amenazados. En algunos casos, los que menos, sí algo incómodos.

Uno de los primeros que vimos fue el de Jacques Cubeau, setenta y tres años, un señor con aspecto de abuelito amable, gafas y camisa de cuadros, que se sentaba en los bancos al final de la sala. Estaba divorciado y tenía dos hijos. Decía tener un «profundo respeto» por las mujeres y se llevaba bien con sus hijos. *A priori* parecía uno de los perfiles más inofensivos. No quiso traer a ningún testigo a declarar a su favor. «Yo solo me he metido en esta situación y tengo que asumir yo solo la responsabilidad».

En su caso, ver el vídeo era fundamental, pues él alegaba que en sus actos no hubo penetración y, por tanto, no debía ser condenado por violación, sino por agresión sexual.

Este jubilado se dirigió a Gisèle, después de haber negado la intención y el delito mismo, para disculparse: «De lo que pasó en 2020 no me recuperaré jamás, le pido perdón y espero que usted y su familia puedan reponerse algún día», dijo con victimismo. Gisèle no le miró. No lo hizo con ninguno de los que no admitían el crimen.

Stéphane Babonneau lo interrogó: «Dice usted que tiene respeto por las mujeres, pero ¿cómo valora el hecho de que alguien que muestra respeto por las mujeres comparezca por violación a una mujer inconsciente? Sus excusas a mi cliente carecen de profundidad, porque si respetara a las mujeres no habría hecho lo que hizo».

«¿Es que tiene usted un aparato para medir la profundidad de las disculpas?», le inquirió el acusado.

Muchas veces ocurría esto: empezaban suave y cuando se veían acorralados, el negacionismo y el victimismo se acababa apoderando de ellos y reaccionaban a la defensiva.

Ese primer vídeo nos impactó mucho y eso que no sabíamos que esa filmación era de las más livianas. Durante el minuto y medio aproximadamente que duró la secuencia, la mayoría de los acusados metía la cabeza entre las piernas y algunos hasta se tapaban los oídos, como si les diera pudor. O vergüenza. O ambas cosas. Pocos miraban, ni siquiera Dominique Pelicot. Era la primera vez, con Jacques Cubeau, que se mostraban secuencias de vídeo. El día anterior se habían visto solo fotos.

«Señor Pelicot, ¿por qué no ha mirado ni uno solo de los vídeos que se están proyectando?», le preguntó Béatrice Zavarro a su cliente.

«Porque desde hace cuatro años tengo vergüenza, me doy asco», respondió él.

Tras aquella primera proyección, los abogados de los acusados pidieron al tribunal que no se proyectara ninguna filmación más ante el público y la prensa porque atentaba a la dignidad de sus clientes. Decían que era un espectáculo «sensacionalista y nauseabundo» y que eso propiciaba «como en la Revolución francesa, pasar de un tribunal, en nombre del pueblo francés, al tribunal de la masa». El presidente, Roger Arata, decidió entonces que se hiciera a puerta cerrada. La prensa, hasta entonces presente en la sala, fue expulsada para «preservar la moralidad y la decencia del debate». También el público. Antoine Camus y Stéphane Babonneau se rebelaron contra esta decisión, que iba en contra de la voluntad de Gisèle Pelicot, que era quien estaba verdaderamente expuesta en ese proceso, pero que había aceptado que los vídeos de sus violaciones se proyectaran y que los periodistas pudiéramos verlos por una razón. «Este es un proceso que puede cambiar la sociedad, tiene el poder para cambiarla, y para que esto ocurra, hay que tener el valor de enfrentarse a lo que es una violación. La violación es un hecho tan chocante, tan indigno, que parece que en 2024 la sociedad no está aún preparada para mirarlo de frente y que esto solo puede ser tratado a puerta cerrada», protestó Stéphane Babonneau ante el tribunal.

Los dos abogados pelearon para revertir la decisión, alegando que, al censurarlos, no se protegía la dignidad, sino la indignidad. «Sin estos vídeos, las pruebas, no habría proceso. Lo que ha sufrido Gisèle Pelicot no se habría sabido ni perseguido sin ellos. Por tanto, esto es como decir que el sumario mismo no es digno», argüían sus abogados. «No es una cuestión de venganza. ¿Por qué ella no cede? ¿Por qué se pelea para infligirse esa dosis suplementaria de veneno psicológico, después de diez años de veneno físico? Para Gisèle Pelicot es demasiado tarde, el mal está hecho, las doscientas violaciones de las que ha sido víctima por parte de más de cincuenta hombres que han ido a su casa a violarla en su habitación, acostada, mientras ella estaba inconsciente, la brutalidad de las audiencias que tienen lugar en esta sala... Ella tendrá que vivir con ello durante el resto de su vida, pero este mismo debate, si se abre, permitirá evitar que otras mujeres sufran lo mismo que ella y entonces Gisèle encontrará un sentido a su sufrimiento».

Todos los periodistas coincidíamos en que los vídeos eran fundamentales para contrastar las declaraciones, para quitar máscaras. Algunos se me quedarán grabados, pero no me arrepiento de no haber apartado la mirada porque refutaron mi resistencia y mis sesgos (ambos conscientes e inconscientes) para dar crédito a lo inimaginable.

El 5 de octubre de 2024, un mes después de haberse iniciado el juicio y en un fallo sin precedentes en Francia, los cinco jueces del tribunal, tras una discusión a puerta cerrada, decidieron permitir que los vídeos de las violaciones sufridas por Gisèle Pelicot se proyectasen ante la prensa y el público siempre y cuando «contribuyesen a la manifestación de la verdad». Estábamos ante violaciones sin violencia física, pero sin permiso, para que a todos nos quedase claro lo que es este crimen en 2024. Era el primer paso para que la vergüenza cambiase de bando, del lado derecho de la sala, donde se sentaba Gisèle, a los banquillos, donde durante meses visualizamos todas esas imágenes, con parte de ese público que agachaba la cabeza, miraba para otro lado o se tapaba los oídos.

Este fue el primer triunfo, judicial y social, de una mujer que se iba despojando del estigma de víctima con la ayuda de dos hombres.

9

LAS NO VIOLACIONES, LOS NO VIOLADORES

El Código Penal francés, en su artículo 222-23, define el «crimen de violación» como «todo acto de penetración sexual cometido con violencia, obligación, amenaza o sorpresa».

A lo largo de los casi cuatro meses de juicio, Anna, fotógrafa freelance, y yo hicimos un catálogo de las distintas tipologías de «no violación», esas que no contempla el Código Penal, pero que esgrimían los cincuenta acusados en sus declaraciones, un verdadero inventario de modalidades de delegación de responsabilidad, con múltiples matices y rasgos en común.

La violación involuntaria

Lionel Rodriguez, cuarenta y cinco años en el momento de ser procesado, estaba separado, tenía tres hijos y una adicción al alcohol, lo que le alejó de su mujer y esto, a su vez, le acercó más al alcohol y sobre todo a las webs de libertinaje en busca de relaciones extraconyugales. Ese hábito provocó que un día, alcoholizado, no se percatara de que sus hijos le veían mientras miraba una web porno; estos lo contaron y los servicios sociales le interrogaron. Anteriormente, le habían pillado robando en una tienda y ese proceso judicial agravó su consumo problemático. En medio de esta espiral autodestructiva y sin salida, se topó con Dominique Pelicot en coco.fr. Intercambiaron fotos de sus respectivas mujeres sin el consentimiento de ellas. Su exmujer, Anne Cécile, contó lo difícil que fue para ella sostenerle en aquella época convulsa. Aguantó pensando que podía salvarle. Como otros acusados, Lionel Rodriguez también fue víctima de abuso sexual cuando era joven, en su caso por parte del presidente del club de petanca del pueblo.

Mientras se celebraba el juicio, estaba en libertad provisional y tenía pareja. Muchos de los acusados, tras haber cumplido el tiempo de detención, encontraron una nueva compañera, mujeres que aceptaban el cargo que pesaba sobre ellos o creían las justificaciones que ellos les daban. Lionel Rodriguez compareció en vaqueros, chaqueta negra. Iba vestido decentemente, era de esos que se esmeraban en dar buena impresión, a diferencia de otros, que aparecían en chándal.

Stéphane Babonneau, uno de los abogados de Gisèle Pelicot, le preguntó: «Su hermano ha declarado que usted es alguien que quiere y aprecia a las mujeres. ¿Cuál es su relación con ellas? ¿Quererlas es buscar sexo?».

Lionel Rodriguez: Me gusta el sexo, está claro. Pero nunca he tenido un comportamiento anormal con las mujeres, a pesar de los hechos que se abordan hoy.

SB: ¿Amar a las mujeres es, principalmente, buscar sexo y ver qué pasa después?

LR: Hay una parte de eso, pero siempre he sentido admiración por las mujeres, el hecho de que puedan traer un niño al mundo... Pero, claro, me gusta el sexo.

SB: Cuando vio que la mujer que tenía delante estaba inconsciente, ¿no se planteó que pasaba algo raro?

LR: Cuando salí de esa casa, me percaté de que había un problema, por eso cuando leí en la prensa local que Dominique Pelicot había sido detenido hice la conexión, pero luego entré en negación. Me decía: «No puede ser posible, esa no es tu historia».

Pelicot fue detenido en noviembre de 2020 y algunos medios locales, sin citarle, ya se hicieron eco de la historia.

LR: Yo no puedo comparar lo que me pasa con lo que le ha pasado a la señora Pelicot, pero mi vida se ha derrumbado, la de mi familia, mis hijos, mis padres... Ha sido horrible. Nunca quise hacer mal a nadie, pero lo he hecho y le pido perdón. No me puedo imaginar lo que usted ha vivido, señora, esa pesadilla. Es horrible y he formado parte de ella. Le pido perdón, no sirve de nada, pero quiero decirlo al menos.

Las disculpas sonaron sinceras hasta que Lionel Rodriguez estrenó nuestro catálogo con la primera tipología de «no violación».

LR: Estaba en un ambiente agobiante, perdí el norte. No es una excusa, pero yo no soy consciente de haberla penetrado.

Gisèle Pelicot, a escasos metros, puso cara de indignación. Era de los primeros acusados en declarar y aquello resultó sorprendente para todos. No imaginábamos lo que vendría después.

SB: Mi intención es intentar comprender, porque mi clienta quiere entender qué les ha llevado a todos ustedes a hacerle eso. Ella tenía sesenta y cinco años. Hay una diferencia de edad entre usted y ella. ¿Qué hace que, en ese momento, tener una relación sexual con una mujer mayor e inconsciente le pareciera un plan atractivo?

LR: Cuando fui, yo no sabía hasta qué punto ella estaba dormida, yo pensaba que se iba a despertar e iba a ser un acto a tres. Y los vídeos que él grababa, pensaba que era para que los vieran más tarde.

SB: ¿Qué diferencia sintió entre el acto sexual con la señora Pelicot y una relación con alguien que está consciente?

LR: Es incomparable, una mujer despierta interactúa, expresa cosas, y no era el caso. Ese día yo no sentí placer. Ella dormía, pero no me di cuenta hasta qué punto, es verdad que, al ver los vídeos, ya detenido, fui consciente de ello.

SB: ¿Por qué no usó preservativo?

LR: Fue una irresponsabilidad por mi parte, pero nadie me pidió que me lo pusiera.

SB: ¿No pensó que la exponía?

LR: Estoy de acuerdo con usted, fue irresponsable. No lo pensé, fui irracional.

SB: ¿Por qué Pelicot le propone hacer lo mismo con su mujer y usted lo rechaza?

LR: Porque no estábamos en el intercambio con mi ex, jamás he querido compartir a mis parejas, y menos dormidas. Yo no era consciente de que era una violación. No soy culpable del delito de violación. Cuando volví a mi coche, no pensé que acabara de violar a una mujer. Fue una violación involuntaria.

SB: ¿De quién es la culpa entonces? ¿Qué había que hacer para que otros hombres no volvieran a esa habitación?

LR: Es culpa de todo el mundo. Esto nos tiene que hacer pensar, yo siempre he tenido respeto a las mujeres, este proceso es tan mediático que va a hacer pensar a mucha gente y así lo espero. Si algo bueno ha tenido esto, ha sido que me ha hecho replantearme mi vida y empezar de cero.

Lionel Rodriguez había inaugurado el catálogo de las «no violaciones» con la involuntaria, pero también estrenó el de las reflexiones. Ya no bebía. Fue de los pocos acusados que, en su labor de introspección, llegó a la conclusión de que todo ese destrozo, si servía para algo, era para construir una sociedad mejor.

La violación por *blackout*: física, pero no cerebral

Christian Lescole aportó mucho al catálogo. En un solo acto, el del 19 de enero de 2019, consiguió acuñar dos tipologías de «no violación» diferentes. Una de las más creativas fue la violación por *blackout* provocado a su vez por un estado de *burnout* a causa de su trabajo de bombero. También argumentó que fue una «violación física, pero no cerebral», porque fue su cuerpo, pero no su mente.

«He tenido la suerte de hacer mucho deporte; para tener bien la cabeza, hay que cuidar el cuerpo», declaró Christian Lescole durante la exposición que hizo ante el tribunal sobre su vida. Pero su cuerpo y su mente parecieron no estar en sintonía aquel día de enero de 2019. Su padre, intentando excusarle, añadió una tercera tipología: violación por fatiga, aunque en realidad se alineaba con el *burnout* citado por su hijo.

Narró su historia personal, su amplia trayectoria como bombero, la separación de su expareja, los problemas financieros derivados de la ruptura y sus idas y venidas a las webs de libertinaje, a pesar de que había iniciado una nueva relación con la que era su pareja actual, con la que, decía, había encontrado el equilibrio. Contó que había tenido una decena de experiencias de tríos.

Roger Arata, presidente del tribunal, le preguntó: ¿Por qué, entonces, acudió a una web como coco.fr?

Christian Lescole: En la cárcel he tenido tiempo de pensar en mis infidelidades y de trabajar sobre ello. Desde el nacimiento del último niño, no teníamos más relaciones y caí en la infidelidad.

RA: ¿De qué manera se expresa el consentimiento en este tipo de relaciones libertinas?

CL: Normalmente, es el hombre el que garantiza la seguridad de la mujer, discutes con él, la persona fuerte de la pareja es él, el que asegura que ella esté protegida. Los encuentros se hacen sobre lo que tú has discutido con el marido para que sea un momento de placer para todo el mundo. Todo se discute antes y eso es lo que ocurrió en Mazan.

Su teoría de la protección en el libertinaje, según la cual los hombres organizan una relación sexual a su mujer para luego protegerla de esa misma relación sexual, provocó entre risas e indignación entre la prensa, donde la mayoría éramos mujeres. Anna me echó una mirada cómplice, como diciendo «Prepárate, porque tiene pinta de que va a engrosar nuestro catálogo».

En su turno, Stéphane Babonneau le dijo: Estoy muy sorprendido de su visión del libertinaje, me ha parecido entender que usted cree que el rol del marido es el de garantizar la seguridad de la mujer.

CL: Es el hombre el que decide por la mujer, cuida de ella y garantiza su seguridad.

SB: Pero, si no habla con ella, ¿qué es lo que le permite saber qué es lo que quiere realmente la mujer y que el hombre no la ha amenazado para tener relaciones con usted?

CL: No hablo de mi concepción particular del libertinaje, digo que normalmente se desarrolla así, simplemente he caído en manos de las malas personas. Un hombre que se hacía pasar por un libertino y no ha respetado las reglas del libertinaje. Si un hombre dice que la mujer está de acuerdo, es porque está de acuerdo.

SB: ¿No cree que tal vez es usted quien tiene que buscar el consentimiento, por sí mismo, no a través de un tercero?

CL: ¿Es que hay que firmar un papel antes? El marido se encarga de la seguridad de la mujer. Siempre ha sido así.

SB: Entonces ¿cree usted que en las relaciones libertinas el hombre tiene el rol de tutela? ¿Y no se le ocurrió indagar más?

CL: Era un juego libertino, de pareja.

Su versión de los hechos cambió a lo largo del tiempo: primero dijo a la policía que Dominique Pelicot le había informado de que su mujer dormía, luego a la jueza de instrucción que no, y ante el tribunal que lo juzgaba sostuvo esta última versión. Los investigadores, tras el análisis de su teléfono, vieron además que dos días después del incidente de las grabaciones en el supermercado, el acusado había recibido una llamada de Dominique Pelicot «para pedirle que borrase cualquier rastro de sus conversaciones», según declaró el primero. Lescole llevaba varias semanas asistiendo al tribunal aunque no le tocaba declarar y no estaba obligado a ello. Los periodistas sospechábamos que era para preparar mejor su defensa.

Mostró cierta arrogancia al contar cómo funcionaba la web coco.fr, esa en la que, según él, los hombres son los que acuerdan las relaciones sexuales para luego proteger a las mujeres durante las mismas. A la defensiva, su soberbia se tornó en insolencia y el presidente, Roger Arata, le reprendió en varias ocasiones.

Christian Lescole contó que Dominique Pelicot y él hablaron en la web, se intercambiaron SMS y Pelicot le envió fotos porque él «debía tener la certeza» de lo que se iba a encontrar. Sus certezas eran muy quebradizas, porque dijo estar seguro de que hablaba con una pareja en la web coco.fr.

Roger Arata: ¿Por qué lo creía?

Christian Lescole: Por las respuestas. Se refería a sí mismo en femenino, no en masculino.

RA: ¿Qué información tenía cuando llegó allí?

CL: Que iba a Mazan a ver a una pareja de sesenta años y que era una mujer tímida que tenía la fantasía de tener una relación con un hombre con uniforme.

RA: ¿Sabía que iba a ser filmado?

CL: Ya en el lugar, él sacó una cámara y me dijo que era para que ellos pudieran ver los vídeos después. Me había pasado antes con otras parejas, por eso lo toleré.

RA: ¿Sabía que le daba somníferos?

CL: Lo descubrí viendo los vídeos, detenido; en el vídeo no es mi cerebro el que actúa. Hace meses que no paro de pensar en eso, en por qué pasó.

RA: Una vez allí, ¿quién de los dos es el que empieza?

CL: Él. Yo estoy en la puerta, lo más alejado posible. A ella no la veo tras la montaña de cien kilos que es su marido. Después yo me acerco y ella se mueve. Encajaba con el escenario que él me había vendido. Lo que veo en el vídeo es que he tenido un *blackout*. Si me miran a los ojos, uno se lo pregunta. Cuando me detuvieron y hablé con mi mujer de lo sucedido, me dijo: «Te drogaron». Durante la prisión preventiva, he tenido tiempo para estudiarme todo el sumario, lo he leído todo para entender por qué llegué ahí. No estaba en mis cabales, esos no eran mis valores.

En los vídeos que se proyectaron de sus actos, en uno de esos instantes que él describió como *blackout*, al final, mira a Pelicot, le sonríe y le hace un signo de aprobación con el pulgar. El visionado de la proyección fue violento. Tenía la mirada ida. Lescole, que declaró al final del juicio y había escuchado antes a otros acusados decir que habían sido drogados, decidió sumarse a las filas de quienes dejaban entrever esta posibilidad en su defensa en busca de una exculpación o un atenuante.

Tras la reproducción del vídeo, Christian Lescole se puso más a la defensiva. Con los brazos cruzados y aire desafiante, dijo: «Materialmente lo confirmo, es una violación. No tengo problemas en admitirlo. Es mi cuerpo, pero no mi cerebro. Después de treinta y cinco años trabajando como bombero al servicio de la población, ¿cree usted que habría cometido una violación, habría dejado mi teléfono en el coche y me habría dejado grabar? Reconozco la materialidad de los hechos porque al ver los vídeos no se puede negar. No tengo sentimiento de culpa, sino de vergüenza».

Dominique Pelicot, que siempre tenía el turno de réplica para dar su versión tras la declaración de cada uno de los acusados, no quiso contestar a las preguntas del abogado de Christian Lescole, de la misma manera que este no quiso contestar a las preguntas de su abogada, Béatrice Zavarro.

Béatrice Zavarro sí interrogó a su cliente: Señor Pelicot, ¿fue usted quien le pidió al señor Lescole que llevara el uniforme de bombero?

DP: Para nada.

BZ: ¿Es usted el que pedía a la gente que se dejase la camiseta puesta, otras prendas, etcétera?

DP: Para nada.

BZ: ¿Drogó usted a Nizar Hamida o a Christian Lescole?

DP: Para nada.

BZ: ¿Alguno de esos hombres le llamó después de los hechos para pedirle explicaciones por esa supuesta intoxicación?

DP: Para nada.

BZ: ¿Drogó usted a la señora Dufour, expareja de Cédric Grassot?

DP: Para nada.

BZ: ¿Y a la mujer del señor Marechal?

DP: No.

BZ: ¿Y al señor Jean Tirano?

DP: No, no he drogado a esos hombres, el señor Lescole miente.

Su abogada había hecho una enumeración de los implicados que le acusaban de haberlos drogado y de las mujeres que se sospecha que lo fueron. Pelicot hizo una pausa antes de acabar, se hizo el silencio. Continuó, sin inmutarse, con el micrófono en la mano y su voz grave: «Solo voy a añadir una cosa a la declaración del señor Lescole: ya no estamos en la Edad Media. El libertinaje yo lo he practicado también, y la regla hoy es que no manda el hombre, es la mujer la que decide».

Ese hombre tenía la capacidad de sorprendernos una y otra vez.

La violación por sumisión química

Lescole se había sumado al selecto colectivo que decía haber cometido una violación víctima de la sumisión química. Era un giro de tuerca increíble: en un proceso por sumisión química, eran ellos, acusados de haber violado a una mujer bajo sumisión química, los que habían ejecutado los actos también bajo sumisión química.

El delirio lo inauguró otro acusado, Jean Tirano, alias Bill, cincuenta y dos años en ese momento y cuyo nivel intelectual, alegó su propio abogado como argumento en su defensa, estaba por debajo de la media. En su declaración, dijo que lo último que recordaba de aquella noche era haber estacionado su coche en el aparcamiento de Mazan donde Pelicot los citaba, haber entrado en la casa del matrimonio, haber bebido un vaso de agua que este le ofreció y luego, de repente, estaba de nuevo en su coche. No se acordaba de lo que había pasado en ese paréntesis de hora y media, según el minutado de las imágenes filmadas. Supuestamente drogado por Dominique Pelicot, su estado no le impidió realizar actos sexuales, como se apreció en los vídeos que protagonizaba y que vimos, y tampoco conducir decenas de kilómetros hasta su casa sin tener ningún accidente.

A la ola de la sumisión química también se apuntó Nizar Hamida, alias Karim. De origen tunecino, llegó a Francia con diecisiete años. Comparecía detenido, con cuarenta y un años, en chándal y con aspecto desaliñado. Con aire absolutamente despreocupado, se comportaba como si estuviera en un bar con amigos, intercambiaba miradas con unos y otros. Se sentaba entre Christian Lescole y Adrien Longeron, que trataban de no hacerle mucho caso. Dentro de ese box blindado, había también cierto clasismo. Hamida tenía un hijo y varias condenas por violencia conyugal a dos de sus exparejas, una de ellas era la madre del menor. Ese embarazo «fue un accidente, pedí que se hiciera el test de paternidad antes de reconocerlo», dijo. Después, como la madre no le dejaba verlo, fue a recuperarlo a la fuerza, pues según él «estaba en peligro con ella». La mujer acabó denunciándolo.

Nizar Hamida era una caja de sorpresas. Se metió en la web coco.fr para «liberar el estrés» y concertó la cita con Dominique Pelicot para celebrar su despedida de soltero, porque se casaba días después. Declaró que estaba seguro de que había sido drogado porque no le encontraba otra explicación al hecho de «haber tenido una relación con una mujer de sesenta y ocho años dormida». Dijo que Dominique Pelicot le dio una Coca-Cola antes de entrar en la habitación.

Dominique Pelicot negó sistemáticamente haber ofrecido nada de beber a ninguno de los acusados.

A Hamida esa supuesta sumisión química no le impedía acordarse de los hechos. Dijo que no se había puesto preservativo, a pesar del riesgo para Gisèle Pelicot y de que él era alguien que «siempre se protege». Esto no le había pasado «nunca antes». Se acordaba de lo que pasó, repitió en varias ocasiones que no le dio tiempo a pensar «porque todo iba muy rápido». En uno de los actos sexuales que cometió sobre la víctima era imposible no verle la cara a Gisèle Pelicot, sin embargo, ante la pregunta del tribunal «¿Qué le decía su cara, le parecía un sueño natural?», Nizar Hamida respondió: «La verdad, no me acuerdo mucho».

Hamida, encaramado al micrófono en su pecera, era despectivo al responder. «¿En ese vídeo se ve usted drogado?», le preguntó Stéphane Babonneau. «Si mira usted bien, estoy claramente drogado. Si él droga a su mujer con la que tiene hijos y nietos, ¿cómo no me va a drogar a mí?».

Nizar Hamida contó que tenía aspiraciones en la vida si conseguía esquivar la cárcel: una madre mayor de la que cuidar, un hijo que le esperaba y abrir un salón de peluquería.

La violación por debilidad de carácter

La violación por debilidad de carácter («me convenció, me manipuló, me obligó») era la excusa más recurrente. A esa tipología de no violación se adhirieron varios acusados, aunque uno de los más paradigmáticos era Charly Arbo, que cometió seis violaciones entre 2016 y 2020. La primera vez tenía veintidós años; la última, veintiséis. Alegó que se dio cuenta demasiado tarde de que la víctima estaba profundamente dormida y de que no iba a despertarse. Tardó seis veces en cuatro años en darse cuenta.

En las conversaciones con Dominique Pelicot, Charly Arbo también habló de un intercambio de somníferos para drogar a una mujer de su entorno, en este caso, su madre. Charly Arbo era el mediano de tres hermanos, sus padres se divorciaron y los crio su abuela. Su madre encontró una nueva pareja y el discurso con respecto a su padrastro era confuso, pues dejaba entrever que había sido víctima de violencia psicológica, en el mejor de los casos. Parte del interrogatorio se centró en la relación con su madre y en las motivaciones del plan de drogarla, que apuntaban al rencor. Él lo negó. No tuvo relaciones estables y desde joven consumía porno de manera compulsiva. El perfil psicológico era el de una persona introvertida, con dificultad para expresar sus emociones, aislamiento afectivo y relacional, con rasgos de inmadurez, falta de confianza en sí mismo, poca capacidad de reflexión y sumiso en las relaciones. Dijo que Dominique Pelicot le convenció para volver a ir a Mazan. Reconoció que lo que le había pasado a Gisèle era «inhumano», pero se escudó en su debilidad de carácter. Estaba en prisión desde 2021 y trabajaba dentro de la cárcel.

Era bajito, parecía débil, hablaba tímidamente, como para que no se le escuchase. Respondía con monosílabos, a veces no entendía las preguntas que se le hacían o respondía indiscriminadamente «No me acuerdo». No elaboraba, y escucharle, o, mejor dicho, no escucharle llegaba a ser desesperante. Aunque todo fuera un desvarío, eran menos irritantes los discursos enrevesados como el de la «violación por *blackout* que fue fruto del *burnout*», donde al menos se podía percibir que el acusado había estado pensando, si no en su responsabilidad de los hechos, al menos en cómo evadirla. En Charly Arbo no había nada de eso. Estaba vacío. No había reflexiones ni justificaciones. No había nada.

Preguntado sobre por qué volvió una y otra vez a Mazan en ese amplio marco temporal, dijo: «Pelicot era el que me contactaba. Todas las veces que fui fue porque me decía que volviera, porque a su mujer le había gustado y estaba muy contenta».

En el momento de su declaración tenía treinta años. Gisèle Pelicot, setenta y dos.

El presidente del tribunal, Roger Arata, le preguntó: ¿La diferencia de edad le supuso un problema?

Charly Arbo: La edad no es un problema.

RA: El psiquiatra dice que usted era más frágil entonces, ¿qué piensa?

CA: Es posible.

RA: Dice también que usted adopta una actitud sumisa frente a una figura tranquilizadora (que le inspira confianza), ¿fue el caso con Dominique Pelicot?

CA: Sí.

RA: En cinco años, ¿no tuvo tiempo para pensar si había algo anormal en lo que estaba haciendo? ¿Qué es lo que hizo que usted no pensara?

CA: No he entendido la pregunta.

No quedaba claro si no entendía o no quería entender. Llegó el turno de Antoine Camus, abogado de Gisèle Pelicot.

AC: Esa ausencia de cuestionamiento que usted alega, ¿puede estar vinculado al porno, a esa visión del mundo que es la suya en la época, influenciada por los estereotipos, etcétera?

CA: Sí, en la época.

AC: ¿Hoy aceptaría algo así?

CA: Le diría claramente que se fuera a la mierda.

AC: Pero usted no reconoce la intención de sus actos; al hacerlo ¿no es una manera de imponer su visión del mundo a la señora Pelicot, su visión de la mujer? Usted es joven y los hechos ocurrieron hace mucho tiempo.

CA: No he entendido nada de la pregunta.

AC: Digo que hoy usted sabe que ella no consentía los actos, ¿no cree que en su día le impuso su visión de la mujer, influenciada por la pornografía?

CA: Yo no fui, fue el señor Pelicot.

Ante la ineficiencia del interrogatorio por la incapacidad del acusado para comprender lo que se le estaba preguntando, el presidente del tribunal interrumpió al abogado: «Por favor, señor Camus, no haga preguntas de tres kilómetros. Sea más claro».

CA: He olvidado lo que usted ha preguntado.

AC: No hay más preguntas.

El relevo de aquel delirio de interrogatorio lo recogió el otro abogado de Gisèle, Stéphane Babboneau.

SB: Usted ha reconocido hace un rato que es verdad que ella no le había verbalizado su consentimiento, entonces, ¿por qué no reconoce la violación?

CA: Porque era una situación consentida por su marido.

SB: Usted había estado muy influenciado por la pornografía desde su adolescencia y usted dice que, en el momento de los hechos, también por el señor Pelicot, pero el psiquiatra dice que usted no tiene ninguna patología mental. ¿Cree que el porno le exime de su responsabilidad? ¿Cree que decir que no sabía que la drogaba le quita responsabilidad, que es un argumento válido?

CA: No reconozco la intención.

SB: Usted dice que no la ha violado, pero fue seis veces y realizó todo tipo de penetraciones. ¿Cree que eso no son violaciones? ¿El producto de su reflexión durante cuatro años es ese?

CA: No era mi intención.

SB: ¿Cree que ella no ha sido violada solo porque usted no tenía la intención de hacerlo? ¿Usted cree que ella ha sido violada o no por usted?

CA: No tenía la intención de hacerlo.

El acusado, en su retahíla de respuestas contradictorias, repetitivas y vacías, creía que no tener la intención de hacer algo, el no haberlo premeditado y haberlo hecho obligado o presionado por un tercero le eximía del delito. Lo que no le salvaba eran los más de doscientos intercambios de mensajes con Pelicot y sobre todo los cuarenta y siete vídeos filmados de las relaciones sexuales perpetradas a la víctima. Visionamos algunas y, tras ello, siguió el infructuoso interrogatorio, en el que los abogados se empeñaban en hablar con una pared.

SB: No hay odio en la señora Pelicot, señor Arbo, ella le tiende una mano. Ese vídeo que acabamos de visionar es durante su segunda visita a Mazan. Han pasado cuatro años y ella le tiende una mano, a través de mí, para reconocer que eso que acabamos de ver se llama violación. ¿La ha violado? ¿Puede reconocer que la ha violado?

CA: Reconozco el acto, pero no la intención.

SB: No reconoce la intención... Todos acabamos de ver su miembro en la boca y en la vagina de la víctima. La cuestión no es sobre los actos, que todos hemos visto, es sobre si usted la ha violado en esos dos vídeos.

CA: No, no hay una intención de violar a la señora Pelicot.

El de Charly Arbo fue uno de los interrogatorios más exasperantes que vivimos en los cuatro meses de proceso. Cuando acabó, el acusado agachó la cabeza, se la cubrió y se puso a llorar. Otros acusados le consolaron.

Babonneau, antes de acabar, se dirigió a Dominique Pelicot.

SB: Señor Pelicot, sobre el vídeo que acabamos de ver con el señor Arbo: ¿Sabe usted a qué fecha corresponde el 7 de diciembre de 2018?

DP: Es el cumpleaños de mi mujer.

SB: ¿Qué hicieron por su cumpleaños? Porque ella no se acuerda.

DP: No me acuerdo.

SB: ¿No ha habido una sola vez, el 31 de diciembre, el

día de su cumpleaños…, no ha habido un momento en el año, aunque sea en fechas señaladas, en el que usted dijera: «Esta noche la voy a dejar tranquila»?

DP: Desgraciadamente, no ha habido muchos.

Charly Arbo se declaró débil y manipulado por Pelicot. En realidad, violó por oportunismo: estaba enganchado al porno, no reflexionó mucho y Pelicot se lo puso fácil, a media hora de casa y gratis.

Otros acusados alegaron haber acabado en Mazan por «no cancelar la cita» con él. Anna y yo introdujimos este subtipo de no violación en la lista bajo el epígrafe «violación por educación» o «violación diplomática». Otros subtipos eran violación por presión, por la insistencia de él o por miedo. Nicolas François, de profesión periodista, dijo que lo hizo por «curiosidad», porque nunca había tenido una relación homosexual y quería probar con Dominique Pelicot. La lista era plástica. En la declaración de un mismo acusado, su no violación podía pasar de una tipología a otra rápidamente.

Ese era el caso de Redouane el Farihi, que insinuó haber sido drogado y luego víctima de «un ser terrorífico» y dijo que llevó a cabo los actos sexuales por miedo a que Dominique Pelicot le hiciese algo a él.

La no premeditación

Estaban los que violaron «por accidente»: se encontraron allí, con un escenario que no era el que les habían pintado y no supieron salir. Philippe Leleu, uno de los condenados a las penas más bajas, me puso él mismo un ejemplo sobre cómo veía él su incursión en Mazan. «Imagina que eres un conductor estupendo, pero un día vas conduciendo y te equivocas de camino. Como es de noche, aceleras un poco porque es un territorio desconocido y quieres llegar a casa, pero de repente se te cruza un niño, en una curva sin visibilidad y lo matas. ¿Eres un asesino?».

Estaba la «violación en contra de la voluntad propia»: no querían, pero una vez allí se sintieron obligados a hacerlo. Algunos explicaron que, al encontrarse en una casa ajena, desnudos en una habitación y con un hombre desconocido y que daba órdenes, se sintieron intimidados y lo más fácil era huir hacia adelante y acabar lo que habían ido a hacer. Hablando de esto con compañeras y amigas coincidíamos en que sí entendíamos ese argumento. Muchas admitimos que alguna vez habíamos hecho algo en el ámbito sexual que no nos apetecía solo por «quitárnoslo de encima» o porque intuíamos que decir no podía suponer un problema y llevarnos al terreno de «¿Por qué has llegado hasta aquí entonces?».

En la mayoría de los casos había un argumento en común: «Por falta de reflexión» o «No pensé». Béatrice Zavarro, la abogada de Dominique Pelicot, les preguntó a muchos de los acusados: «Usted dice que no pensó, porque ¿con qué pensaba en ese momento?».

A pesar de los afilados interrogatorios, largos, perseverantes y extenuantes para muchos de esos hombres que no tenían la capacidad de seguirlos, ninguno de los abogados de Gisèle ni tampoco Zavarro consiguieron arrancarles a los acusados que no reconocían el delito la frase: «He violado, luego soy un violador».

La mayoría reconocía la materialidad de los actos, porque con los vídeos era imposible no hacerlo, pero no la intención. Porque, en sus cabezas, como la intención de violar no se originó en casa, fruto de una reflexión, no había crimen. Estaban convencidos de que lo que hace que cometas un acto de violación y te convierta en violador, aunque sea un día, es haberlo premeditado antes. Por eso, la mayoría de esos hombres fueron violadores por sorpresa.

Gisèle Pelicot solo miró a la cara a aquellos que reconocieron que la habían violado, a los que no banalizaron, con atenuantes y excusas, los actos sexuales que habían realizado sobre su cuerpo sin permiso y sin que ella se diera cuenta.

El perfil tipo de agresor sexual

Los periodistas bautizamos a Christian Lescole, Charly Arbo, Nicolas François y Nizar Hamida como «el grupo de la muerte» por los perfiles que tenían: Arbo, había ido seis veces a Mazan, a Lescole le habían incautado imágenes pedófilas en el ordenador, igual que a Nicolas François, periodista local, y Nizar Hamida estaba condenado por maltrato. Dos hombres acusados de delitos más leves —Joseph Cocco, acusado de agresión sexual, no de violación, y

Philippe Leleu— declararon la misma semana que ellos. Tenían que haberlo hecho la primera, pero la intervención de Dominique Pelicot, que, como principal acusado, inauguraba los testimonios, se retrasó por sus problemas de salud. Estuvo varios días sin aparecer por el tribunal, así que la comparecencia del primer grupo se movió del calendario y se pasó al final del juicio. En realidad, fue para mejor, porque, en ese punto, ya estábamos curados de espanto y el shock fue menor.

Como con el resto del grupo de los acusados, la semana empezaba con los expertos. El lunes compareció el psiquiatra Philippe Darbourg, que había examinado a Lescole, Arbo, François y Hamida. Su exposición, basada en el análisis clínico que realizó estando ellos en prisión, reveló que ninguno respondía al «perfil tipo de agresor sexual». Esto generó una intensa controversia en la sala, en la que Stéphane Babonneau arguyó que los agresores de hoy en día no son individuos de aspecto dudoso con capucha que salen a la caza de víctimas, sino que puede ser cualquiera.

El psiquiatra empezó con Christian Lescole: «En el plano clínico, mi trabajo consiste en buscar aquellos elementos que pueden justificar los abusos y su perfil no corresponde al de un agresor sexual».

SB: Usted describe el perfil de agresor sexual como el de alguien marcado por frustraciones y rasgos perversos, pero, sin tener esto, ¿se puede, según su análisis, ser agresor sexual una sola vez?

PD: El señor Lescole reconoce la violación, los hechos,

pero su análisis clínico y su reacción me permiten afirmar que no responde al prototipo de agresor sexual.

SB: Si es condenado, ¿diría que lo es? ¿Y diría que lo es hoy, sabiendo lo que sabe?

PD: No le calificaría de agresor sexual, pero sí hay un aspecto frágil en lo que respecta a su vida emocional que ha podido influir en el hecho de que cometiera el acto sin que responda al perfil de agresor.

El psiquiatra fue presentando los resultados de sus informes de los acusados del grupo, ninguno de los cuales, según él, correspondía al prototipo de violador. Stéphane Babonneau volvía a la carga una y otra vez, tratando de desatascar la definición y llevársela a la realidad: la de esos cincuenta y un hombres que, salvo contadas excepciones, no fueron conscientes de haber cometido una violación y por eso la banalizaban.

SB: Constato que, con el señor Nicolas François, este ya es el cuarto acusado en comparecer que, según su diagnóstico, no responde al perfil de agresor sexual. Lo que me llama la atención es que le excluya. ¿Ha visto los vídeos? Creo que si los hubiera visto, cambiaría su apreciación.

PD: El objeto del examen médico tiene que ver con el riesgo de reincidencia y, en este sentido, hay que diferenciar entre el agresor sexual de circunstancia y un agresor que es susceptible de repetir los actos.

SB: En este juicio tenemos a muchos hombres de distintos perfiles, y usted dice que existe un agresor sexual circunstancial cuando, en realidad, uno se convierte en agresor cuando comete un acto sexual.

El psiquiatra continuó su intervención con el diagnóstico de Philippe Leleu: «Sin insatisfacción ni frustración, sin problemas de comportamiento ni de tipo sexual. Sin tendencia perversa, no tiene el perfil de agresor sexual habitual».

SB: Es el quinto acusado del que dice que no responde al perfil. Usted ha examinado a cinco hombres en un juicio que es extraordinario. ¿No cree que es la definición que usted hace de agresor sexual lo que tiene que cambiar, que esa noción tiene que ser revisada? ¿Puede un hombre cometer una agresión sexual sin necesidad de estar metido en una casilla? Porque estos hombres no responden al perfil, pero comparecen aquí por actos de violación.

PD: Mi objetivo en estos exámenes es buscar los rasgos del agresor sexual que hay en los acusados, cualquier persona puede cometer un abuso sexual, podemos diferenciar entre los agresores sexuales y los depredadores, los que van a la caza, pero se puede no ser un depredador y cometer un abuso sexual en circunstancias muy particulares.

Del sexto acusado, Nizar Hamida, el que fue a Mazan a tener relaciones con una pareja para celebrar que iba a casarse, dijo que «no tenía dificultad para expresar emociones ni estaba disociado, sin problemas de personalidad, ni patología mental ni fragilidad narcisista, ni rasgos inmaduros ni tendencia a la transgresión. No tenía sentimiento de culpa» y, nuevamente, «sin elementos clínicos que le puedan definir como un agresor sexual».

SB: Tenemos el sexto. Si en el sumario no tuviéramos los vídeos, si estuviéramos en un juicio donde fuera la palabra de uno contra la de otro, ¿no cree que sus conclusiones serían un argumento sólido para la defensa de los acusados que no reconocen la intención? En el caso del señor Hamida, tenemos un vídeo en el que introduce su miembro en la boca de mi clienta inconsciente. Igual su examen no procede en este caso.

PD: En mi análisis me parecía importante explicar qué entendemos por agresor sexual, que es alguien que comete un acto premeditado, los elementos clínicos que vemos en estos perfiles.

El de Charly Arbo era un perfil particular, porque había tenido una exposición precoz y excesiva a la pornografía, desde la adolescencia, lo que, según el examen psiquiátrico, había deformado su imagen de la mujer, concibiéndola como un objeto, y su noción de consentimiento. Tanto psiquiatra como psicólogo coincidieron en que su perfil no respondía al de depredador.

Stéphane Babonneau interrogó al respecto a Mathieu Lacambre, el otro experto que examinó al acusado.

SB: Charly Arbo es el más joven de todos los acusados. Hay una gran incomprensión al respecto por parte de Gisèle Pelicot. Ella no entiende por qué un joven de veintidós años pudo tener la fantasía de tener una relación sexual con una mujer de su edad. ¿Influyó su exposición a la pornografía?

ML: Uno de cada dos niños que empieza el colegio consume pornografía. Entre el 20 y el 30 por ciento de los consumidores de pornografía son menores. Entran así en una sexualidad disfuncional. De hecho, su descubrimiento de la sexualidad es a través de la pornografía. El escenario habitual es el del bombero y la señora, la felación, etcétera. Hay una proposición muy sexista en lo que respecta al cuerpo de la mujer que está muy estandarizado: las chicas quieren complacer a los chicos. A medida que consumen más porno, más se alimenta esta creencia. Entran en la sexualidad disfuncional y después cristaliza esa imagen distorsionada de la mujer. En el caso del señor Arbo, el señor Pelicot aparece y le propone un plan en el que él considera que el sujeto es un objeto: una mujer dormida, a media hora de coche y todo organizado, así que él va. Es una oportunidad.

SB: Aunque él acude a la casa en seis ocasiones, en su informe médico usted no utiliza la noción de «agresor sexual», mientras que otros expertos sí han hablado de una categorización de «agresor sexual por repetición», ¿por qué usted no?

ML: El término agresor sexual es erróneo. Es un cajón de sastre que incluye cualquier cosa. El depredador busca una secuencia para poder acceder a su víctima, devora y caza, el señor Arbo no caza. No busca imponer una relación sexual, aquí hablamos de oportunismo, el violador no es sistemáticamente un depredador sexual. El perverso o el depredador intentan controlar. El señor Arbo no controla nada, participa de este acto sexual por oportunidad.

SB: Dice que la mayoría no son violadores, ¿no podemos decir que un violador es simplemente una persona que comete un acto en un momento dado sin responder a un perfil concreto?

ML: Alguien que comete una violación no es un violador, de la misma manera que podemos cometer un robo sin ser ladrones. Una persona que comete una violación lo va a ser toda su vida, así que hay que encontrar una solución alternativa a esta estigmatización definitiva. Es como una víctima que diga «Voy a ser víctima toda mi vida». Hay que revisar todo esto, del lado de la víctima y del infractor.

Los conceptos que conocíamos, tanto del diccionario como del Código Penal, habían saltado por los aires y había que reinventarlos.

Lionel Rodriguez no respondía al perfil de agresor sexual, pero cometió una «violación involuntaria» el 2 de diciembre de 2018.

Christian Lescole no supo que estaba cometiendo una violación el 19 de enero de 2019. Lo hizo porque tuvo un *blackout* y el que actuaba era su cuerpo, pero no su cabeza ni sus valores. No respondía al perfil tipo de agresor sexual.

Nizar Hamida violó a Gisèle Pelicot para celebrar su despedida de soltero. No tenía intención de hacerlo y no lo había premeditado, así que no respondía al perfil de violador.

Charly Arbo era débil y sumiso y se dejó manipular por Dominique Pelicot. Violó por oportunidad y por su propia debilidad, entre 2016 y 2020, en seis ocasiones. No era el perfil tipo de agresor sexual.

Nicolas François, quien afirmó haber ido a Mazan por curiosidad intelectual, para probar una relación homosexual, tampoco respondía al perfil tipo de agresor sexual.

Los cinco fueron condenados por un crimen de violación agravada y en reunión a entre ocho y trece años de cárcel a pesar de no haber tenido la intención de violar a Gisèle Pelicot, inconsciente, en actos pactados con su marido y a pesar de no responder a la definición canónica de violador.

10

LAS OTRAS VÍCTIMAS

Cilia

En la sala del Tribunal de Aviñón, durante los cuatro meses que duró el juicio, salieron a declarar decenas de víctimas «extraoficiales» que probablemente no sabían que lo eran. Hubo cuatro testimonios que me impactaron. Los cuatro de mujeres vinculadas a los acusados. Una esposa, una expareja y dos madres: Cilia, Cindy, Jany y Catherine.

Cilia B. compareció con su apellido de soltera, aunque seguía casada. Era bajita, con gafas y pelo corto, una mujer sencilla que entró dando pasitos cortos y atropellados. Nada más llegar al atril, en cuanto el presidente del tribunal le preguntó si podía hablar de su marido de manera espontánea, se echó a llorar. Empezó diciendo, entre sollozos: «Todo era formidable, él era maravilloso y muy protector. Desde que le conocí he sido muy feliz». No paraba de llorar. Su marido había sido detenido el 8 de marzo de

2021. Ella aún no había conseguido digerir la sorpresa de la noticia cuando los investigadores le revelaron que su marido, Jean Pierre Marechal, había hecho con ella, aunque en menor grado, lo mismo que Dominique Pelicot con su mujer: la había drogado para violarla junto con Pelicot.

Cuando el presidente del tribunal y los abogados le preguntaron si todo funcionaba bien en la pareja, si había notado algo raro, si tenían una vida sexual normal, sus respuestas fueron siempre las mismas: todo estaba bien, no discutían, «él era muy trabajador», nunca le había pedido «cosas absurdas» en la intimidad y nunca la había forzado. «Del tema sexual no hablábamos mucho, es muy pudoroso, nunca le he visto tocarse». Una noche, Cilia se despertó y vio a alguien en la habitación, de pie, al lado de la ventana. Era Dominique Pelicot. Le preguntó a su marido quién era y este le empezó a contar mentiras. «No le creí», declaró. Él le contó una película que ella no quiso cuestionar a pesar de la evidencia.

«¿Se reconoce usted en las fotos en las que está desnuda?», le preguntó Roger Arata en referencia a las imágenes captadas por los dos hombres.

«No, yo nunca me acuesto desnuda».

Justificaba a su marido como un progenitor defiende a un hijo que cree perfecto: echándole la culpa a las malas compañías. «Si no hubiera estado en ese sitio [la web coco.fr] y no hubiera conocido a malas personas, no lo habría hecho. Igual atravesaba un mal momento y por ese motivo cayó en eso». Atribuía el delito que la persona con la que había pasado toda su vida y con quien tenía cinco hijos había cometido sobre ella a los actos e influencia de los otros. No paraba de repetir que era imposible y que él era maravilloso. Su marido, sentado al lado de Dominique Pelicot en el box de los principales acusados, agachaba la cabeza.

El juicio acababa de arrancar, ya habían declarado Dominique Pelicot y Gisèle Pelicot y habían empezado a hacerlo los cincuenta acusados. Cilia era la primera testigo que salía a hablar a favor de uno de ellos. Como su marido replicó el método de Pelicot, la gravedad de los hechos convertía su caso en el siguiente a tratar. Iñaki, mi amigo de la televisión vasca, estaba sentado en un banquillo detrás de mí. Mientras Cilia lloraba, me di la vuelta e intercambiamos miradas. Iñaki era mi termómetro de la gravedad del ambiente, porque siempre nos tomamos las cosas con humor, así que cuando me miraba con cara de circunstancias, serio y con los ojos muy abiertos, corroboraba que estábamos viviendo una situación que iba a ser difícil de digerir. Cilia, aunque también era víctima factual, pues había sido violada por su marido y por Dominique Pelicot, no quiso formar parte de la acusación particular, junto con Gisèle y sus hijos. No quiso denunciar a su marido. El tribunal le preguntó por qué. «Por mis hijos, son tan infelices que quería protegerles, incluso yo misma lo soy, él era un hombre tan maravilloso que no soy capaz de olvidar todos esos años. No entiendo nada». Lloraba sin parar. Iñaki y yo nos volvimos a buscar con la mirada. Costaba contener la emoción al ver a aquella mujer derrumbarse de esa manera, negando, aún sin entender y probablemente no queriendo hacerlo. Su declaración despertaba lástima e impotencia a la vez.

Cilia era lo contrario a Gisèle Pelicot, aunque tenían cosas en común. Las dos habían sufrido una traición impensable de la persona con la que habían pasado toda su vida. Durante esos primeros días del juicio, Iñaki y yo hablábamos mucho de si era posible reparar algún día ese pilar que se había derrumbado para siempre y que es esencial en las relaciones personales: la confianza. Gisèle mostraba una fortaleza que Cilia no parecía tener. Quedó patente en su declaración, días antes, y en su actitud en el Tribunal. A diferencia de tantas mujeres en el mundo que se contagiaron de su fuerza, Cilia no encontró en Gisèle un modelo y siguió anclada en la vergüenza, justificando de alguna manera a su agresor. Durante toda su declaración, no se dirigió a ella, a pesar de que estaban en el mismo bando. No había entendido eso y tampoco lo entendieron muchas otras mujeres, exmujeres, esposas o madres que durante sus declaraciones apenas la miraron, casi como si ella fuera la culpable de que sus vidas hubieran estallado por los aires. O como si ella fuera ese espejo en el que no querían mirarse: el de la víctima o potencial víctima. Gisèle nos hacía un gran regalo, ser partícipes del cambio, que muchas no estaban preparadas aún para aceptar.

Al final de su declaración, el abogado de su marido, en un intento por dramatizar y quizá victimizar a su cliente, le preguntó a Cilia si quería dirigirse a él. Ella se giró, llorando, como si hubiera estado esperando el momento de obtener respuestas: «¿Por qué me has hecho esto? No entiendo nada. Cada día tengo que explicarles a mis hijos donde está su padre y por qué», le gritó llorando. Ese padre levantó la cabeza por primera vez y se puso a llorar. En el banquillo algunas no pudimos contenernos. Era difícil no sentir pena por esa mujer y por su familia rota. Ese «No entiendo nada», sencillo como ella, sin mayor elaboración, era revelador. Si la incomprensión más profunda tiene un nombre, era el de esa mujer. Cuando salimos de la sala, me abracé a Iñaki llorando. La escena había sido intensa y era el inicio del juicio, no sabíamos lo que vendría.

Reflexioné mucho sobre por qué me conmovió tanto el testimonio de Cilia en particular y no el de otras. Esa mujer aparentemente débil y entregada, que había mirado siempre para otro lado, que no se había cuestionado nada porque lo único que le valía era el amor que sentía por su marido, me puso frente al espejo: Cilia podíamos ser cualquiera. Gisèle tenía formación y llevaba tiempo en terapia, hasta el punto de tener la fortaleza de sentarse, día tras día durante cuatro meses, frente a sus violadores, incluido su propio marido. Cilia no había denunciado y no se separaba porque no trabajaba y «los niños van al colegio», probablemente no tenía red de seguridad y le iba a ser difícil reconstruirse. A ninguna de las dos víctimas, siendo tan distintas, las había protegido nada de ese amor incondicional, a veces ciego, que dieron y que las destruyó.

El abogado de su marido, Jean Pierre Marechal, le dijo a la esposa y víctima: «A mi cliente, la condena no le importa, porque el peor castigo posible ya lo tiene, que es haber perdido para siempre a su mujer». Yo no estaba tan segura de eso.

El marido de Cilia

El apodo de Jean Pierre Marechal en la web coco.fr era Rasmus. Allí se topó con Dominique Pelicot en 2020. El caso de Marechal era otra muestra de lo increíblemente retorcido que era el caso: la policía encontró su número de teléfono entre los contactos de Pelicot, pero entre sus nutridos archivos de actos sexuales no se encontraron vídeos en los que apareciera él con Gisèle. Sin embargo, entre las imágenes borradas de Dominique Pelicot sí hallaron fotos de otra mujer, también inconsciente, que no era Gisèle, ni su hija, ni sus nueras. El análisis de los archivos permitió identificar una docena de actos sexuales cometidos en diferentes fechas sobre esa mujer. Al menos tres de los actos implicaban a Dominique Pelicot, y también aparecía otro hombre. Atando cabos entre el teléfono del hombre que no aparecía en los vídeos y la mujer que sí aparecía, se la consiguió identificar como Cilia Marechal y a él como el «segundo hombre». Según el sumario, Cilia Marechal, en shock cuando la interrogó la policía, tenía dificultades para entender los hechos de los que se acusaba a su marido. Confirmó que los vídeos habían sido tomados sin su consentimiento y negó tomar somníferos». No obstante, los exámenes toxicológicos revelaron la presencia de restos de ansiolíticos.

Jean Pierre Marechal era el segundo acusado con más cargos después de Dominique Pelicot. En otro giro de tuerca más dentro del caso, donde nada encajaba nunca en la narrativa lógica, ni siquiera en la más perversa, resultó que Jean Pierre Marechal tenía una ligera noción de lo que era el consentimiento, pero bastante particular: la tenía sobre la mujer ajena, pero no sobre la propia. Conoció a Pelicot en la famosa web, pero nunca quiso aceptar su ofrecimiento y acudir al domicilio de este en Mazan porque consideraba que tener relaciones sexuales con la mujer de otro en estado de inconsciencia era una violación. Sin embargo, estimó que con la propia no lo era y decidió, animado por Dominique Pelicot, replicar su método con su mujer para violarla ambos.

Marechal pertenecía a esa decena de hombres que había tenido una vida particularmente difícil. Él y sus nueve hermanos crecieron en una granja, en un hogar inestable y modesto donde hubo carencias materiales y afectivas. Su madre era alcohólica y sus hermanos y él sufrieron abusos físicos y sexuales por parte de su padre. Cilia fue para Jean Pierre Marechal lo que Gisèle para Dominique Pelicot: una segunda oportunidad de la vida para tener el amor y la familia que no tuvo. Formaron un hogar, tuvieron cinco hijos y él se centró en trabajar. Era su mujer la que se ocupaba de todo. Llevaban casados veintiocho años.

El examen de personalidad realizado por los psicólogos revelaba una incapacidad para expresar sus emociones y sus sentimientos, así como para hacer valer su autoridad, incluso con sus hijos. Mostraba falta de introspección, de abstracción y una elevada ingenuidad, lo que, según el informe, en algunas circunstancias podía llegar a reducir la capacidad de discernimiento. Su concepto de la realidad era plano. Según el análisis psiquiátrico realizado por el doctor Laurent Layet, que también analizó a Pelicot, Marechal usaba la palabra violación para hablar de los actos cometidos sobre Gisèle en Mazan, pero no para referirse a los que él había hecho en su casa a su mujer. Con total ausencia de empatía hacia la víctima, respondió al experto: «Mi mujer está al corriente y no me ha abandonado».

Marechal confesó que, desde 2015, frecuentaba con regularidad sitios porno y sobre todo coco.fr a causa de su limitada vida sexual. Se encontró con Dominique Pelicot y este le envió, como gancho, fotos de su mujer. Le explicó su método y le propuso que fuera a su casa a violar a su mujer, pero Marechal se negó. Se encontraron una sola vez en Mazan. Fue para que Dominique Pelicot le diera la medicación para someter a la suya. Dominique Pelicot era el *dealer* de lorazepam de la comarca.

Marechal reconoció haber cometido violaciones o tentativas entre 2015 y 2020 sobre su mujer, solo o en compañía de Dominique Pelicot. En varias ocasiones, este último tuvo que salir de la vivienda sin haber ejecutado el acto porque Cilia no estaba lo suficientemente dormida. Marechal la drogaba, pero no mucho porque no la quería matar. Le dijo a la policía que le daba una dosis inferior a la prescrita por Pelicot porque tenía miedo de que le pudiera pasar algo. Hizo fotos durante los actos que luego le envió a este. Negó haber llevado más hombres a su casa. Jean Pierre Marechal cruzó algunas líneas rojas, pero no tantas como Dominique Pelicot.

No logró afinar tanto el método y por eso Cilia se acordaba de que una vez, durante el verano de 2020, se había despertado en mitad de la noche y había visto a un hombre con pelo gris, un polo color turquesa y un short dentro de su habitación, delante de la ventana. Cuando describió la escena, me acordé de un fotograma de *Twin Peaks*, de David Lynch. En la serie investigan la muerte misteriosa de Laura Palmer, una adolescente muy querida en el pueblo. Una noche, su madre está durmiendo, se desvela y cuando abre los ojos ve al borde de la cama a un hombre de pelo largo agazapado. Esa escena de terror se me quedó grabada hasta el punto de que forma parte de mis pesadillas recurrentes: descubrir a un desconocido en la habitación, a los pies de la cama o bajo la ventana en plena noche, cuando nadie te puede proteger. A mi imaginario onírico, el oscuro, añadí ese día otra escena lynchiana, la de Cilia desvelándose en medio de la noche y descubriendo a un hombre canoso con polo turquesa en la ventana de su alcoba conyugal.

Tanto Dominique Pelicot como Jean Pierre Marechal admitieron los hechos: que el primero le dio somníferos al otro y que violaron a su mujer en casa de este último.

Cindhy

A Cindhy B. la conocí en uno de los cubículos que hay fuera de la sala del tribunal, uno de esos espacios para que los acusados hablen en un aparte con sus abogados o para que los testigos esperen su turno. Estaba sentada al lado de Cyril F., que acababa de declarar como testigo para explicar por qué no había ido a casa de Dominique Pelicot a violar a su mujer. Cindhy era morena, llevaba el pelo largo, tenía aspecto de mujer sólida y fuerte. En el juicio las apariencias no solían engañar. Mientras mi compañera Marion Dubreuil, de la radio RMC, y yo hablábamos con Cyril F., Cindhy observaba. Yo pensaba que era su pareja o su amiga y que había ido a apoyarle. No sabía que iba a entrar momentos después al tribunal a contar su historia de amor y violencia con Vincent Coullet.

Roger Arata, presidente del tribunal: ¿Puede describir cómo era el acusado?

Cindhy B.: Era alguien inestable, violento. Después de tres años de violencia, decidí denunciarlo.

RA: Háblenos de él, ¿cómo era su convivencia?

CB: Se iba muy pronto por la mañana, en horarios diferentes, y no sabía a qué hora iba a llegar, había siempre mucha incertidumbre. Le gustaba el deporte extremo.

RA: ¿Tenía alguna adicción? Drogas, alcohol…

CB: Alcohol sí. A diario no lo veía mucho. Fumaba cannabis en casa y consumía alcohol todos los días, a mediodía y por la tarde. Yo trabajo de día, pero por las tardes y los fines de semana, cuando lo veía, lo hacía en altas dosis.

RA: Se separaron en octubre de 2020, pero los hechos tuvieron lugar en enero de ese año. ¿Alguna vez se justificaba?

CB: Nunca se justificaba. Pero en ese momento ya no vivíamos en la misma casa.

RA: ¿Cómo era su vida sexual?

CB: Era bastante insistente, pero a veces yo estaba cansada, él lo intentaba todo el tiempo y yo le decía que no. No me pedía cosas especiales, ni nada extremo.

El abogado de Vincent C. procedió a interrogarla a continuación.

Stéphane Simonin: ¿Bebían juntos?

CB: Bebíamos alguna copa por la tarde y los fines de semana, pero la diferencia es que yo siempre he tenido la cabeza sobre los hombros y un razonamiento claro. Cuando me levantaba por la mañana, a veces tenía cincuenta mensajes suyos.

SS: ¿Tenía un problema de enganche con usted?

CB: No, él tiene un problema con todas las mujeres. Era más un compañero de piso, pero todo lo que tiene que ver con el amor o el afecto, yo nunca he tenido eso, la ternura... Era muy raro. He puesto mucho de mí en esa relación y él con mi hija siempre se portó muy bien, la quería y me quedo con ese aspecto positivo.

SS: ¿Por qué, a pesar de que dice que era celoso y reactivo, incluso violento, estuvo tres años con él?

CB: Tenía sentimientos por él. Estaba convencida de que le podía salvar.

Esa frase fue para mí como un bofetón en la cara. Porque creo que muchas mujeres hemos pensado alguna vez que podíamos salvar o cambiar a alguien. Una de mis amigas me dice siempre que el exceso de empatía es una cárcel porque acaba transformándose en simpatía, que es cuando vives la historia ajena. Otra me dice muchas veces que las mujeres vamos siempre de salvadoras y nos empeñamos en cambiar o salvar, pero el problema es que nadie nos rescata a nosotras. Por eso Gisèle salvó a Dominique y Cilia salvó a Jean Pierre Marechal, pero nadie las salvó a ellas. Cindhy intentó salvar a Vincent C. y al final logró rescatarse a sí misma por los pelos. Lo denunció por violencia doméstica y fue condenado por ello en 2021.

La expareja de Cindhy

Vincent Coullet fue el único acusado que vino todos los días al Tribunal a pesar de que no estaba obligado a hacerlo. En las primeras semanas, durante las declaraciones de Gisèle Pelicot y Dominique Pelicot, víctima y principal acusado, todos tenían que estar presentes. Después, cuando empezaban a declarar por grupos, solo estaban obligados a acudir la semana que les tocaba. El resto del tiempo, los que estaban en libertad provisional podían hacer su vida y los que estaban en prisión no tenían por qué asistir al juicio. Vincent Coullet no faltó nunca.

Era bajito, tenía cuarenta y tres años en ese momento y se colocaba siempre en el mismo sitio dentro del box blindado, pegado al cristal. Su declaración fue una de las que más me frustró, porque le había visto todos los días y pensé que al haber asistido a tantas audiencias igual había aprendido algo.

El día que le tocó testificar, empezó a hablar de los hechos traumáticos de su vida. Vincent Coullet se puso a llorar al contar el día que había encontrado a su abuela muerta. «Entré en casa y me la encontré en el suelo. Entonces no había teléfonos móviles. Toqué la puerta de mis vecinos. Mi abuela estaba muerta». La empatía juega malas pasadas: mi abuela, una de las personas que más he querido en mi vida, murió repentinamente y eso bastó para conectar con Vincent Coullet y bajar mis defensas. Además, como llevaba tiempo viniendo al tribunal, sentía como si ya le conociera.

Afortunadamente, teníamos los hechos factuales, entre ellos los vídeos y sus propias declaraciones, que no fueron las disculpas sinceras, los argumentos sólidos o las excusas creíbles que esperamos de las personas que creemos que pueden cambiar o redimirse. La empatía reculó cuando el presidente del tribunal le preguntó por qué, dentro de las opciones que le proponía la página libertina, no había elegido otro plan, como por ejemplo un trío con una mujer despierta. Él respondió a la defensiva: «A ver, que coco.fr tampoco era un supermercado del sexo». Aquella banalización de sus actos, de sus intenciones y su visión de la mujer indignó tanto en la sala que la propia Gisèle Pelicot se levantó y se marchó unos minutos. Fue de las pocas veces que lo hizo.

Vincent Coullet fue uno de los acusados que repitió: fue a Mazan dos veces, en octubre de 2019 y en enero de 2020. Poco antes de los hechos, en abril de 2019, Vincent Coullet había sido condenado por violencia doméstica. Tenía otros antecedentes por un accidente de tráfico en el que conducía borracho. Cuando la policía lo detuvo el 22 de junio de 2021, le requisó material informático y un tanga rosa. Declaró que fue Dominique Pelicot el que lo pidió, pero este lo negó. Escuchando a esos dos hombres, era imposible saber quién decía la verdad.

Cuando habló de su vida sentimental, la impresión que dio era que se quedaba descolocado cada vez que una relación naufragaba y que su mecanismo de defensa era destruir, hacia adentro y hacia afuera. Les pasaba a muchos, que acababan entregándose al alcohol, el cannabis o el sexo y se enredaban en un círculo vicioso sin salida. Vincent Coullet contó su historia con una expareja, que al final acabó volviendo con su ex: «Intenté recuperarla a pesar de que volvió con él». Sobre Cindhy, dijo que estaba muy vinculado a su hija, pero que no pensaba que ella hubiese aguantado tanto solo por la niña. «A pesar de todo lo que ella ha dicho malo de mí, nunca la he engañado. Tengo mucho amor por esa niña y mucho respeto hacia su madre». Vincent Coullet era violento, pero fiel y buen padrastro. Dijo que su relación con Cindhy era la historia más bonita que había tenido. Como en el caso de Cilia y Gisèle, las historias más bonitas a veces se vuelven las más turbias.

Intenté entender qué había llevado a ese hombre a acabar en la habitación de Mazan. Creó que, como muchos otros, huía de sí mismo, y en esa fuga de sí mismo, como cuando tuvo el accidente borracho, casi se lleva por delante a Cindhy y se llevó a Gisèle. Vincent Coullet, como Dominique Pelicot o Jean Pierre Marechal, tuvo una mujer que le tendió la mano, pero tampoco se dejó salvar. Al final de su declaración, se dirigió a Gisèle: «Quiero pedir perdón, aunque sé que nunca seré perdonado. Si he venido al tribunal hasta ahora no ha sido por voyerismo, sino solo para entender por qué me encuentro aquí».

Además de su expareja, declaró su madre, Mireille, una mujer elegante, de setenta y dos años, que iba vestida con un traje de rombos rojos y llevaba el pelo rubio recogido en un moño. Se dirigió al atril lentamente para contar que su hijo había vivido en las mejores condiciones, que era hipersensible e inmaduro: «Tiene que asumir y pagar por el crimen que ha cometido». Vincent Coullet agachaba la cabeza. Tras declarar, se quedó a escuchar el relato de su hijo. Fue de las pocas que se dirigió a Gisèle Pelicot: «Por la proximidad generacional que tengo con la señora Pelicot, señora, esto me ha afectado mucho».

Cuando se fueron a proyectar los vídeos de las violaciones, ocurrió una cosa sorprendente. El presidente del tribunal, como de costumbre, dio las indicaciones para que menores y personas sensibles salieran de la sala. Mireille se levantó y se dirigió a la puerta, pero al ver que Gisèle se quedaba, dudó. Miró a la zona donde estaba la víctima e hizo un amago de quedarse al ver que ella no salía. Retrocedió, como si fuera a sentarse de nuevo. Yo estaba horrorizada. Quería que alguien la sacara. Me dieron ganas de levantarme yo misma y decirle que no podía quedarse. Finalmente, alguien la cogió del brazo, invitándola a salir. Ver los vídeos sexuales de su hijo cometidos sobre otra mujer de su edad hubiera sido devastador.

Yo siempre defendí que, salvo las madres, era importante ver esos vídeos. La mayoría de los testigos que acudieron al juicio eran mujeres, parejas o exparejas de los acusados, sus madres o amigas. Solo declararon dos padres, un reducido número de amigos y algunos hermanos. La mayoría de ellas los protegía: eran buenos hijos, buenas parejas o hermanos. Una vecina de uno de los acusados, Didier Sambuchi, contó, como anécdota destacable de la buena relación que habían tenido y de lo solidario que él era, que una vez se le inundó la casa y el acusado «venía y nos hacía pasta a mis hijos y a mí». Como si cocinar macarrones a la vecina y a sus hijos fuera incompatible con violar a alguien en un momento dado.

Ninguna de las mujeres que testificaron identificaron al hombre de su entorno como un violador porque la mayoría no respondía al perfil tipo, ese que en realidad es menos frecuente: el del hombre violento que fuerza a una mujer en un portal. Por eso todas defendían las bondades de unos y otros, porque el relato no les encajaba en el arquetipo del violador más extendido en la sociedad y por eso a ellos les costaba tanto pronunciar esta frase: «Aquella noche en Mazan fui un violador». Había una decena con un historial delictivo o de abusos, pero el resto probablemente eran buenos hijos, amigos o padres, o buenos hijos pero malas parejas, y en común tenían que en un momento de sus vidas habían cometido una violación.

Jany

Al rescate de Cyril Beaubis salieron tres mujeres: Céline, Jany y Stéphanie. Pareja, madre y hermana. Primero declaró Céline M., su pareja. En el momento del juicio llevaban cuatro años juntos, se habían conocido en el trabajo, empezaron a salir dos años después del acto del que se le acusaba, y luego llegó la pandemia del covid. Céline era una mujer independiente, con trabajo y casa propia. Dos semanas después de que Cyril Beaubis le presentara a su madre y a su hermana tuvo que ir a su casa para decirles que habían detenido a su hijo y hermano por violación. Fue en la cuarta ola de detenciones, la del 22 de junio de 2021.

El presidente del tribunal, Roger Arata, le preguntó: ¿Cómo le describiría?

Céline M.: Alguien amable, bueno, fue muy cariñoso conmigo cuando empezamos a hablar, tenía muy buena relación con su familia.

RA: ¿Tiene amigos?

CM: Sí, pero no muchos y tampoco es deportista.

RA: ¿Cómo es su relación con las mujeres?

CM: No es una persona machista. No es violento, es normal.

RA: ¿Y sus relaciones íntimas?

CM: Clásicas, nunca me ha forzado. Sin fantasías específicas, aunque sé que él había tenido una vida sexual más activa que la mía.

Uno de los dos fiscales, Jean François Mayet, le preguntó cómo veía su futuro con él.

CM: Desde 2021 es como si la vida se hubiera parado, es difícil hacer proyectos.

JFM: ¿Piensa que puede a ir a la cárcel?

CM: Lo pienso todo el tiempo.

JFM: Si ocurre, significa que ha sido declarado culpable, ¿usted lo entenderá?

CM: Sí y no. No porque no lo veo como un violador. Para mí el problema es que no se hizo las preguntas adecuadas en un momento dado.

JFM: ¿Es el término violador lo que le incomoda atribuirle?

CM: Sí.

Guillaume de Palma, el abogado de Cyril Beaubis, le preguntó: Usted usa mucho el pasado cuando se refiere a él, como si hubiera un Cyril de antes y un Cyril de después.

CM: Él siempre ha sido muy bueno, cercano a su familia, es como si hubieran pulsado el interruptor y se hubiera apagado la luz.

Céline rompió a llorar.

CM: Hoy no sé si podría... He intentado estar para apoyarle, pero no lo consigo, es demasiado difícil.

Cuando Céline estaba a punto de salir de la sala, Cyril Beaubis, que se caracterizaba por su actitud despreocupada y casi chulesca, dejó de mascar chicle. La miró al salir sin que ella le devolviera la mirada. Céline había entendido que no había venido a este mundo a salvar a nadie e iba a salvarse ella.

La siguiente en hablar fue su madre, Jany, setenta y dos años, la misma edad que Gisèle y también que Mireille, la madre de Vincent Coullet. Arrancó la declaración llorando. Llevaba un traje de flores, pelo corto rubio y estaba muy nerviosa. Definió a su hijo como «una buena persona a pesar de los hechos», un gran trabajador e ingenuo. «[Céline] es un ángel que nos ha caído del cielo, estoy muy feliz de verlo con ella. Le he prometido a mi hijo que todas las semanas iremos a la cárcel a visitarlo, o yo o su hermana. Nunca le dejaremos. Céline lo ha transformado». Jany se giró y le lanzó un beso a su hijo antes de sentarse en el banco para escuchar a su hija Stéphanie, la siguiente en declarar. La hermana de Cyril Beaubis siguió encadenando a Céline, a la que habían colgado el papel de salvadora: su hermano era alguien estupendo, ingenuo, «del que la gente se aprovecha, que ha tenido mala suerte en la vida hasta que encontró a Céline. [...] Cyril es un gran trabajador, nunca se ha cogido una baja, es mi hermano, le quiero y le apoyo. Es mi hermano y no lo abandonaré nunca. Me ha escrito una carta desde prisión y me ha dicho cosas que nunca me había dicho. No es una mala persona. Ahora que estaba feliz con Céline...». Su madre lloraba desde el banco. Jany no cuestionaba a su hijo ni lo que pudiera haber hecho. Le esperaba cuando salía y le lanzaba besos desde el banquillo, como si él fuera una de las víctimas de la sala.

El hijo de Jany

El ejemplo más claro de las mujeres que siempre salen al rescate de los hombres por problemáticos que sean era justo Cyril Beaubis. Cuarenta y siete años, alto, grueso, con gafas, este acusado paseaba por el tribunal comiendo chicle como si la cosa no fuera con él. Era uno de los líderes de lo que las periodistas denominábamos el *boys club*, el grupito de acusados que hacían piña entre ellos, para apoyarse, en un gesto de hermandad criminal. Beaubis daba palmaditas en la espalda a los acusados cuando les tocaba declarar como si acabasen de correr una maratón y hubiera que colgarles una medalla. Le gustaba liderar, aunque, a diferencia de otros, no tenía mucho carisma.

Casi podía visualizar a aquellos que estaban en libertad condicional saliendo del tribunal un día cualquiera, yendo a un bar a tomar cerveza, delegando sus responsabilidades en Dominique Pelicot, criticando a la prensa y haciéndose las víctimas. Mirando hacia fuera en lugar de mirar hacia dentro, echando a otros la culpa de los actos propios.

A la prensa Cyril Beaubis nos caía mal. Le veíamos soberbio, descarado y sin mimbres. Era camionero, había tenido relaciones sin ningún tipo de vinculación emocional, a veces con prostitutas. El psiquiatra Laurent Layet insistió mucho en ese desapego emocional que había atravesado todas sus relaciones. Como otros tantos acusados, la víctima no era Gisèle, sino él, que había caído en las redes de Dominique Pelicot, que lo había manipulado y le había vendido un plan que luego no resultó ser el que él esperaba, pero que tampoco fue capaz de salir corriendo a tiempo, o no quiso.

Me alegré de que Céline se hubiese marchado de la sala cuando lo hizo. Tras la declaración de Cyril Beaubis, que estaba en libertad provisional, este salió del tribunal rodeado de mujeres: su pareja, su madre, su tía y su hermana. Mujeres que tenían entre algodones a ese hombre que no había querido nunca vincularse emocionalmente y que recurría a prostitutas.

Catherine

Desde que Adrien Longeron entró en prisión, no se habían vuelto a celebrar cumpleaños ni Navidades ni fiestas en casa de Catherine B. Su familia modélica explotó con la detención de su hijo. Lo dijo ante el tribunal, mientras se frotaba las manos, nerviosa, y se esforzaba seriamente, haciendo un ejercicio de introspección, en encontrar respuestas a las preguntas que le hacían los jueces.

Era una mujer educada, con aspecto de estricta. Entró por la puerta con un abrigo negro y un bolso cruzado, intentando no hacerse pequeña. Algunas mujeres lloraban nada más empezar a hablar, como le pasó a Cilia o a Jany, en cambio Catherine comenzó a hablar de su hijo de manera racional, intentando encontrar argumentos sólidos a lo que se le preguntaba. «Adrien siempre fue afectuoso, atento con los demás, era un niño que quería agradar, hipersensible. Nunca hemos tenido problemas, era divertido, siempre estaba haciendo bromas. En primaria tuvo problemas de ortografía y requirió de clases de refuerzo. Yo siempre fui muy exigente. Estaba sola porque su padre viajaba mucho por trabajo. En la adolescencia tuvo siempre apoyo, era hipersensible, influenciable, siempre presente con su familia».

En realidad, la pregunta que creo que la atormentaba

era la siguiente: ¿qué había hecho mal ella para que su hijo, que había vivido en el seno de una familia normal, acabase en un box blindado con otros hombres con vidas miserables acusados de haber violado a una mujer inconsciente?

La mujer se puso más nerviosa aún según avanzaba el interrogatorio.

Roger Arata, presidente del tribunal: ¿Cómo se explica los hechos? ¿Cómo era su relación con las mujeres?

CB: No estoy en condiciones para responder a eso. Cuando le he visto con una pareja, nunca he visto nada que me llamara la atención.

RA: ¿Recuerda problemas que pudieran ser la base de una explicación?

Esa fue la primera vez que Catherine se emocionó, cuando se evocaron los dos hechos traumáticos de la vida de su hijo. Su primera novia se quedó embarazada cuando Adrien Longeron tenía dieciocho años. Decidieron seguir adelante, pero poco después él se enteró de que no era el padre. La niña falleció en 2020 por causas que no se mencionaron.

CB: Era muy joven, creo que eso marca. La tuvo en sus brazos en la maternidad.

El segundo hecho traumático fue el abuso sexual que sufrió por parte de una familiar, pero del que no quiso hablar nunca con nadie.

CB: Nos habló de ello muy tarde, mi hijo es una persona que no quería dar problemas. Se lo dijo a su padre por mensaje.

El fiscal Jean François Mayet le preguntó por la relación que tenía con su padre.

CB: Se siente muy responsable, se culpabiliza y se pregunta si le exigió demasiado. Esto ha destruido la familia.

JFM: Cuando se enteró de que su hijo iba a tener un hijo, ¿cuál fue su reacción?

CB: Le dije que siguiera estudiando, una madre que no trabaja, tan joven... Era complicado.

JFM: ¿Estaba en contra?

CB: Sí.

JFM: ¿Es usted la que le animó a hacerse una prueba de paternidad?

C: Sí, fui yo. Protegemos a nuestros hijos.

JFM: ¿Cree que eso ha podido alterar su construcción psicoafectiva?

CB: Puede ser, cuando confías plenamente en alguien y te traiciona...

Gisèle Pelicot, la gran traicionada de esta historia, escuchaba atentamente a Catherine B. La mujer acabó de declarar y tomó asiento en el banco para escuchar a E. L., su hija, hermana del acusado. Una chica joven, morena, con coleta y también con un bolso colgado. Seis años mayor que él y con cara de buena persona. Era psicóloga. Esto, sin embargo, no impidió que se derrumbara nada más comenzar a hablar.

Roger Arata: ¿Puede usted describirnos la personalidad de su hermano?

E. L.: Adrien es generoso, amable... Es mi hermano, joder.

Se echó a llorar y luego no fue capaz de recuperar la compostura. Se frotaba las manos, como su madre. Mientras esas dos mujeres que intentaban mantener el tipo se derrumbaban, el causante de su sufrimiento agitaba la cabeza de un lado a otro en el box como si tuviera contracturas cervicales, aparentemente impasible. Su hermana hablaba como si quisiera protegerle; cuando le preguntaron, no detalló nada sobre los abusos sexuales que él sufrió («Nunca quiso hablar») y se acariciaba los brazos, como si quisiera protegerse también a ella misma. Resumió la vida sentimental de su hermano de esta manera: «Tenía muchas conquistas, no quería comprometerse».

El padre de Adrien Longeron, omnipresente y ausente a la vez en el discurso de ellas, fue el único miembro de la familia que no fue a testificar por su hijo. Ese día me percaté de que aún no había declarado el padre de ninguno de los acusados, pero sí lo habían hecho muchas madres y hermanas. Esa era otra de las anomalías de ese juicio. No sé si no declararon por cobardía, por sentimiento de culpa, por desapego. Como siempre, fueron ellas las que salieron al rescate, pese a ser víctimas de la vergüenza.

19 de diciembre de 2024

El 19 de diciembre, cuando se dictó sentencia, la sala de los familiares de los acusados estaba repleta de mujeres, entre ellas Jany, Mireille y Catherine, las madres de Cyril Beaubis, Vincent Coullet y Adrien Longeron. La primera no pudo reprimir un grito cuando el presidente del tribunal leyó la pena para para su hijo. Se tapó la cara con las manos. Catherine se sentaba un banco más atrás. Tampoco pudo reprimir un suspiro de alivio cuando escuchó la condena para el suyo, mucho menor que la que había pedido la fiscalía para él. Se quedó hasta el final, consolando a otras mujeres de la sala.

Jean Pierre Marechal fue condenado a doce años de cárcel por violación agravada, reiterada y con los agravantes de haber sido cometida bajo sumisión química y en reunión. Como dijo su abogado, tenía dos condenas: la de cárcel y la de haber perdido a la única persona que le quiso, Cilia, ausente en la lectura de la sentencia.

Vincent Coullet, quien ya estaba en prisión por violencia conyugal, fue condenado a diez años de cárcel por dos actos de violación agravada cometida en reunión. Su madre, Mireille, estaba en la sala.

Cyril Beaubis fue condenado a nueve años de cárcel por violación agravada cometida en reunión. La red femenina de salvamento no le sirvió para rebajar su pena, y su novia, Céline, no estaba en la sala.

Adrien Longeron, quien ya estaba en prisión por violencia conyugal sobre una de sus exparejas, fue condenado a seis años de cárcel por violación agravada cometida en reunión. Se tuvo en cuenta su capacidad de reinserción, dentro de un núcleo familiar sólido que aún lo intentaba rescatar de sí mismo.

11
EL FENÓMENO GISÈLE

La necesidad de estar

Dos mujeres, una joven y otra mayor, ambas cubiertas con velo, estaban sentadas en uno de los bancos de delante uno de los primeros días que declararon los acusados y visionamos los vídeos de las violaciones. Se acababa de volver a autorizar la presencia de la prensa y del público, tras una primera suspensión después de que los abogados de los acusados protestaran al tribunal al considerar que su difusión atentaba contra la dignidad de sus clientes. Reparé en ellas porque en la sala de audiencia principal, donde estaban los acusados, no se permitía entrar al público, para el que se había destinado una sala anexa, así que si estaban allí era debía de ser por un motivo en particular.

Me llamó aún más la atención que se quedasen a ver los vídeos. Ya era desagradable hacerlo en la sala secundaria, pero mucho más en la principal, pues estaban presentes los acusados implicados en los actos filmados, además de la víctima. Durante los dos o tres minutos que duró la proyección, la chica joven le cogió la mano a la mujer mayor. En la sala había cuatro pantallas instaladas. Normalmente mirábamos las que teníamos más cerca, las que había colocadas en los laterales, aunque de vez en cuando casi todo el mundo acababa desviando la vista a las que quedaban más lejos, en un intento por distanciarse de la escena. En uno de esos momentos, las mujeres se giraron, las sonreí con cara de circunstancias y me devolvieron la sonrisa.

Sabinelle, como luego supe que se llamaba la joven, y su madre volvieron al día siguiente, y al otro, y al otro. Una mañana, en un descanso, al salir de la sala, Gisèle Pelicot se acercó a ellas y estuvieron charlando un rato. Cuando se marchó, me animé a preguntarles qué hacían en el tribunal, convencida de que debían de ser familiares de alguno de los acusados. Sabinelle me contó que su padre era policía y que por eso habían logrado pasar. Su madre había sufrido abusos hacía muchos años y pensaron que era una manera de enfrentarse a su trauma. La mujer debía de ser un poco más joven que Gisèle. «Necesitaba venir, creo que esto le puede ayudar y le hace bien», me explicó su hija, que hablaba por su madre. Esta asentía con la cabeza, como si quisiese hablar ella misma pero no pudiese aún. Suficiente era haber ido a ese tribunal y haber visto lo que vio.

Otro de los días, durante los visionados, tenía sentada detrás a una chica joven con los ojos muy azules y una mirada desgastada en la que se podían intuir cicatrices vitales. Al acabar la audiencia, salió a fumar a la puerta con las periodistas, se acercó al grupo como si fuera una más y empezó a hacer preguntas. Nos interrogaba tanto que llegó un momento que nos inquietamos, pues no sabíamos de dónde salía y llegamos a pensar que era familiar de algún acusado. En un momento dado, en pleno debate, contó una historia turbia de un amigo muy cercano que, un día en el que estaba muy vulnerable, se aprovechó de ella. No especificó si fue una relación no consentida o un consentimiento no deseado. En cualquier caso, dejó bastante claro que él se había aprovechado de su debilidad y estaba traumatizada por ello. Cuando acabó la audiencia de ese día, Marie, así se llamaba, nos dio su teléfono y nos pidió que la informáramos de la agenda de audiencias: quería volver. Como ella, muchas mujeres tenían la necesidad de estar allí, de enfrentarse a su trauma a través del de Gisèle Pelicot.

Gisèle logró cosas extraordinarias cuando decidió abrir su juicio al público. La primera es que sacó del armario a muchas víctimas de abusos o violaciones, como la madre de Sabinelle o Marie, que no habían hablado antes por vergüenza. A medida que Gisèle se deshacía de la suya, ellas empezaron a liberar sus historias, silenciadas y atragantadas durante tanto tiempo. Según avanzaba el juicio, llegaban cada vez más mujeres al tribunal a escuchar las audiencias y luego compartían sus historias personales, entre ellas o con los periodistas. Probablemente era la primera vez que muchas lo hacían. Ese «campo de ruinas» que era Gisèle, como se describió ella misma al principio del juicio, iba despejando de minas algunos ajenos, como el de la madre de Sabinelle, que encontró algo de paz, o el de Marie, que dejó de sentirse sola o culpable.

Esa mujer de setenta y dos años, sencilla y menuda, debilitada físicamente, creó una fuerza centrífuga que sacudió a muchas otras. La víctima se convirtió en un icono mundial. Empezamos hablando sin descanso del monstruo de Mazan, su marido, pero poco a poco quedó sepultado por el magnetismo de la víctima. El foco dejó de estar en el agresor y se centró en la transformación de Gisèle. El suceso se convirtió así en un proceso social de dimensiones inesperadas. La dignidad de Gisèle era y es contagiosa.

Lancôme

Más que el fenómeno mediático que se generó en torno a ella, lo increíble fue la reconstrucción de Gisèle ante los ojos del mundo. Empezó pocos después meses de que su vida estallara por los aires, con el único pilar de confianza que le quedaba: la de un animal, su perro, Lancôme, un bulldog francés.

Cuando los investigadores le contaron lo que le había hecho su marido, Gisèle abandonó de un día para otro su hogar en Mazan, esa casa que iba a ser el lugar del retiro apacible. Se presentó en la estación de tren de Aviñón para ir a París con sus hijos, pero sin rumbo ni identidad, con dos maletas y Lancôme. Su perro fue el que la acompañó en los paseos solitarios cuando ella aún estaba muda. «Quiero remarcarlo porque sin él no estaría hoy aquí y es él el que me ha dado la fuerza para seguir», declaró la primera semana de juicio. Gisèle se aferró al amor de Lancôme para sobrevivir y recuperar la voz. Se describió entonces como una «persona devastada, traicionada», como «un boxeador que se cae y se levanta», aunque ella no sabía cómo lo haría. Poco después, decidió que, para intentar reconstruirse, necesitaba una casa propia y se lo comunicó a sus hijos, que entendieron que quisiese estar sola. Encontró ese espacio propio, sacaba a su perro, iba a la panadería y no hablaba mucho. No le contó a nadie lo que le había pasado.

«Hasta que poco a poco empiezo a contar mi historia».

De víctima a heroína

Fue recuperando la voz. Ella declaró que el tiempo que le quedaba de vida no sería suficiente para recomponerse. No contaba con su propia revolución y con los dos pilares que serían la base de su reconstrucción: la dignidad y la fuerza. Creó un efecto dominó, un Me Too de «mujeres normales» que no se había visto antes. A medida que avanzaba el juicio, cada vez venían más al tribunal, víctimas y no víctimas, feministas, madres, hijas, abuelas con hijas y nietas o nietos, parejas, adolescentes, algunos hombres mayores. Empezaron a formarse largas colas a la entrada. La sala anexa para seguir las audiencias llenaba rápidamente el aforo y la gente se quedaba sin sitio.

No venían por morbo. Nadie hace dos horas de cola a

las siete de la mañana (el tribunal abría a las nueve) para encontrar un sitio en un banco incómodo y se queda durante horas escuchando miserias por morbo. La mayoría venía por necesidad, de curar una herida o de entender cosas que les habían sucedido o de las que habían sido testigo y víctimas directas o indirectas. Las preguntas que nos hacíamos unos y otros, los debates, eran universales. La sala principal del Tribunal de Aviñón daba pocas respuestas, alguna explicación, generaba más interrogantes y en muchos casos ayudaba a exorcizar, a abrir espacios propios hasta entonces inaccesibles.

Llegaban a diario ramos de flores, cartas, dibujos, regalos. Los agentes de seguridad de la entrada del tribunal no daban abasto. Anne Sophie Langlet, la abogada de la asociación de víctimas de violencia que estaba a diario con Gisèle en el tribunal para apoyarla y a la que llamábamos su ángel de la guarda, tampoco. Ella era, como sus abogados, la depositaria de muchos de esos mensajes y regalos. La ola de solidaridad y sororidad fue impresionante.

Hubo un momento en el que las mujeres que iban al tribunal a aplaudir y regalarle flores a Gisèle Pelicot comenzaron a abuchear a los acusados que estaban en libertad provisional. Sus abogados, los mismos que intentaron que no se difundieran los vídeos de las violaciones perpetradas por sus clientes para preservar su dignidad, denunciaron al tribunal el trato que recibían los acusados cuando salían de la audiencia, alegando que no se podía permitir aquel linchamiento público.

Se prohibieron las protestas dentro del recinto judicial,

pero las calles de Aviñón, la ciudad de los papas, siguieron amaneciendo empapeladas de murales, ilustraciones de Gisèle, mensajes de denuncia y carteles con las declaraciones más ilustres que se escucharon en la sala. Era imposible dar un paseo por Aviñón sin ver alguna referencia al juicio del caso Pelicot. Dentro o fuera del tribunal, ya no había voces silenciadas.

El proceso de reconstrucción de Gisèle fue fascinante porque, sin haberlo pretendido, pasó de ser víctima a heroína y puso sobre la mesa un debate que nunca antes se había abordado de la misma manera o con la misma magnitud: el de la vergüenza. Una mujer de setenta y dos años, que había pasado toda la vida con el mismo hombre, con tres hijos y siete nietos, que había tenido una vida tradicional, que había dedicado gran parte de sus últimos años al cuidado de su familia y que había sido violada por decenas de hombres, se convertía en el mayor icono feminista que ha tenido Francia (y quizá el mundo) en mucho tiempo. Aquella mujer de media melena y rostro arrugado, mirada triste y llena de cicatrices irreparables llevó a cabo la mayor transgresión feminista posible: exponer su historia de víctima, en lugar de acallarla, y reivindicarse, para que la vergüenza y la dignidad se recolocaran dentro del puzle en el lugar en el que siempre debieron estar. Hay gestos simples que producen grandes revoluciones y devuelven la luz a quienes los hacen. Gisèle se había separado, pero no quiso cambiarse el apellido (al de soltera, Guillou) en el juicio para que sus hijos y nietos estuvieran orgullosos del apellido de su abuela, y no se avergonzasen de él.

La transgresión de Gisèle exigía a su vez un tremendo sacrificio personal, porque exponía las miserias que había sufrido, las vulnerabilidades propias y las de su familia. La relación que tenía con su hija se había deteriorado, pues esta siempre pensó que su padre también había abusado de ella y le reprochaba a su madre que no la apoyase. En una ocasión se le preguntó a Gisèle por las fotos de su hija que habían encontrado en los archivos de su marido: «Prefiero no responder a esta pregunta», dijo entonces.

Gisèle Pelicot declaró cuatro veces ante el tribunal: la primera, como víctima, para exponer su relato; después tuvo el turno de réplica a la declaración de Dominique Pelicot, su marido, violador y principal acusado. La tercera fue a mitad del juicio, cuando ya habían testificado la mayor parte de los acusados y se les dio la palabra a ambos, víctima y acusado principal, por si querían añadir algo a lo que estos habían dicho. Gisèle no tenía turno de réplica con los acusados, pero sí su marido, así que las audiencias eran a menudo dinámicas, con interrogatorios cruzados e intervenciones a veces exaltadas que el presidente del tribunal intentaba reconducir. Gisèle habló por última vez al final, antes de que los abogados hiciesen sus respectivos alegatos finales, los previos a la deliberación y la sentencia.

En su primera declaración, Gisèle Pelicot relató cuando, años después de haberse presentado en una estación de tren sin rumbo, aceptó ver algunos de los vídeos.

«Son escenas de barbarie, de violencia, de violaciones inimaginables, no sé cómo mi cuerpo puede estar hoy aquí delante de ustedes. Quizá he soportado estos cuatro años para poder testificar delante de ustedes».

El presidente del tribunal, Roger Arata, le preguntó: ¿Y cómo está esta mujer hoy aquí?

«En pie».

A mitad del juicio

«Hoy voy a dirigirme a él como Dominique, aunque no le puedo mirar a la cara. Hemos vivido cincuenta años juntos. Llevo cuatro años preparándome para este juicio y aún no entiendo por qué ese hombre, que era el hombre perfecto, me traicionó hasta tal punto. ¿Cómo has podido traer a esos hombres a casa, a nuestro dormitorio?».

Era martes 23 de octubre. En su tercera declaración ante el Tribunal, Gisèle Pelicot se dirigió a todas las mujeres que habían acudido como testigos: madres, hermanas, hijas, parejas o exparejas de los acusados. La gran mayoría de esas mujeres se había referido a los implicados como hombres amables, buenos padres, hermanos o hijos.

«Quiero remarcar a esas mujeres, esas hijas, hermanas, que dicen "él era un hombre excepcional", que el perfil de violador no es el del hombre que te encuentras en un aparcamiento y te fuerza. Un violador puede ser de la familia o un amigo».

Poco antes de que ella tomara la palabra, había declarado una mujer, de veintiséis años, pareja de uno de los acusados, Florien Rocca: «Yo no le veo como un violador y su entorno tampoco». La madre de este había dicho lo mismo.

Gisèle continuó: «A lo largo de estas semanas he oído a muchas mujeres decir que esos hombres eran maravillosos, buenos padres, maridos o hijos. Que siempre estarán para ellos. No saben la violencia que esas palabras han supuesto para mí. Yo no pensaba que estuviese con un monstruo. Yo también tenía en casa a un buen padre y a un buen marido. Por las noches me traía el postre o el helado a la cama y yo le decía: "Dominique, qué suerte tengo, amor mío, de tenerte"».

Ataviada con un vestido verde, habló serena.

«He tenido que escuchar cosas insoportables en esta sala: que soy alcohólica, que simulaba dormir... Es de una violencia insoportable. Hay que ser fuerte en esta sala. [...] Yo estaba acostada en la cama, inconsciente. ¿Y si esa mujer fuese su madre o su abuela? Porque yo también soy madre y abuela».

La madre de uno de los acusados, Vincent Coullet, dijo durante su testimonio que Gisèle tenía la misma edad que ella y que eso le había impactado.

Gisèle solo abandonó la sala en un par de ocasiones al escuchar las declaraciones esperpénticas de algunos de los acusados. Una de las veces, cuando la Fiscalía intentaba acorralar al acusado Ahmed Tbarik durante su interrogatorio, él replicó que «no había ido a la casa de los Pelicot en Mazan a enfilar collares». Tbarik era empresario, tenía hijos, no tenía antecedentes ni adicciones y llevaba una vida estable. Era uno de los perfiles más normales y esperábamos de él otro tipo de discurso. Pero eso fue antes de escucharle declarar. A veces intentaba recuperar la fe y buscaba flotadores a los que agarrarme, algún tipo de explicación sólida. Pero cuando los acusados se encontraban contra las cuerdas, se desinflaban y volvía con la fe hecha trizas al punto cero. Esos días eran los peores, los más desasosegantes. Te ibas al hotel por la noche con un profundo sentimiento de decepción o derrota. No era la mía, era la de todos. De la boca de Ahmed Tbarik salió otra de las frases «célebres» que las periodistas fuimos anotando: en su defensa, alegó que estaba claro que él nunca había tenido la intención de violar a nadie por dos motivos: porque se había dejado grabar y porque «si hubiera querido violar a alguien, habría buscado a una mujer joven y guapa».

Sentada a pocos metros del acusado de turno, Gisèle Pelicot tenía que aguantar este tipo de comentarios despectivos acerca de su edad o de su escaso atractivo por parte de hombres para los que, en su día, ninguna de las dos cosas había supuesto un obstáculo para citarse con su marido, entrar en su habitación marital y violarla a dúo. Por no hablar del rosario de excusas para negar que habían cometido una violación. Gisèle, como gran parte de la sala, reaccionaba resoplando, movía la cabeza de un lado a otro. El lenguaje universal de la indignación. El de su dignidad era seguir allí, día tras día, escucharlos a ellos y a sus familias y, al acabar las sesiones, acercarse a todas esas mujeres que iban a aplaudirle, a apoyarla y a darle las gracias por haberlas ayudado a aliviar su vergüenza.

Algunos abogados fueron especialmente incisivos con

ella. Uno le recriminó por ejemplo que hubiese conservado el apellido Pelicot, a pesar de que se había separado:

«Mis hijos sentían vergüenza de llevar el apellido Pelicot, pero tengo nietos y quiero que estén orgullosos de llevar ese nombre, el de su abuela. Hoy me conocen en el mundo entero. Mañana no nos acordaremos del señor Pelicot y ya no tendrán vergüenza nunca más por llamarse así».

Muchos hombres trataron de minimizar la importancia del fenómeno Gisèle. Algunos amigos me dijeron no entender por qué nos parecía tan relevante. Mi impresión es que la mayoría lo hacía por temor a ser incluidos en el mismo saco o porque pensaban que no estaban dentro del mismo saco y por eso no iba con ellos. Mucha gente sí entendió que esto iba con todos, con nosotras y con ellos.

Sofiane, por ejemplo, reflexionó sobre su parte de responsabilidad como hombre en esas dinámicas patriarcales que habían empujado a esos hombres a Mazan. También todos esos hombres o adolescentes que iban al tribunal a darle su apoyo a Gisèle.

Mi amigo Ignacio, al que conozco desde primaria, modeló un busto de Gisèle en arcilla. La idea era romperlo una vez acabado y luego reconstruirlo de forma que fueran visibles los pedazos. Dos portuguesas viajaron desde Oporto a Aviñón para entregarle a Gisèle unos dibujos. Dos gemelas vinieron de otra región de Francia para darle unas ilustraciones que le habían hecho. La escena se repetía cada día de manera parecida: la gente llegaba y asistía a las audiencias si había sitio en la sala anexa. Cuando acababan, salían y se colocaban formando un pasillo para esperar a que ella saliera, acompañada de sus abogados, Stéphane Babonneau y Antoine Camus. La gente rompía a aplaudirles y las que le habían traído regalos se acercaban y se los daban. Gisèle siempre se quedaba unos minutos escuchando lo que tenían que decirle y les daba las gracias.

Su presencia era poderosa a pesar de su aspecto frágil. Se convocaron manifestaciones en varias ciudades francesas con el lema «Todas somos Gisèle».

«Estoy profundamente conmovida y todo esto me da mucha responsabilidad. Gracias a vosotras tengo la fuerza para seguir con este combate hasta el final, el combate que dedico a todas las personas que son víctimas de violencia sexual, a todas estas personas les digo: “Mirad alrededor, no estáis solas”».

A Gisèle no solo la sostenía su dignidad, también la humildad.

«Yo no soy valiente, valiente es quien rescata a alguien en el mar. Yo lo que tengo es voluntad y determinación. Por eso vengo aquí todos los días. Quiero hablar aquí, alto y claro, no con cólera ni con odio, sino con determinación, para que la sociedad cambie».

La reconstrucción imposible de Gisèle tenía cuatro patas, como ese bulldog que tiró de ella al principio: dignidad, humildad, voluntad y determinación. Gisèle dijo que lo había perdido todo en la vida, pero tenía cosas que muchos jamás tuvieron.

En noviembre de 2020, esa mujer rota salió de su hogar de Mazan y llegó a una estación de tren con dos maletas y un perro. «No sabía ni dónde estaba ni adónde iba», dijo en una de sus declaraciones. En diciembre de 2024 algunos de los pedazos del busto que mi amigo esculpió y luego rompió ya estaban reconstruidos, con un pegamento muy distinto al que unió a Dominique Pelicot y el resto de los hombres, el de la sororidad.

Aurore

La dignidad de Gisèle fue contagiosa. A ese discurso de reconciliación contribuyó Aurore Lemaire. En la acusación particular, además de Gisèle estaban también uno de sus hijos, David, su hija, Caroline, y su nuera, Aurore, de quien se habían encontrado algunas fotos en la ducha tomadas sin su consentimiento entre los archivos de Dominique Pelicot. Era la mujer de su hijo Florian, el pequeño de los tres. Se habían separado después de la detención de su padre. Aurore había sido víctima de abusos sexuales en el pasado, como muchos de los acusados, y como su propio suegro. Al final del juicio, el 20 de noviembre de 2024, tomó la palabra como parte de la acusación particular. Su declaración aportó un valor intangible, porque, al igual que Gisèle, rechazó la estigmatización de víctima.

«Esta es la segunda vez que comparezco ante este tribunal. Lo hago para transmitir la mirada que tengo de este proceso, quiero expresarle a Gisèle una vez más la admiración por haber estado aquí tantos meses, viendo vídeos de los que no era consciente, pero que ahora le van a crear recuerdos. Nos hemos preguntado mil veces cómo es posible hacer una cosa así. Se ha hablado mucho sobre el perfil del agresor tipo, si esos hombres lo tienen o no. Mi abuelo, mi agresor, era gendarme, lo cual es bastante representativo de la sociedad en la que vivimos. Vemos abusos de todo tipo: de poder, de confianza, sexual. El abuso está en todas partes. Vivimos en una sociedad que nos educa en los abusos que se normalizan. El abuso está en todos lados y este proceso lo ha demostrado. Cuando era pequeña, siempre escuché lo de "dame un beso para darme los buenos días". Educamos a los niños para no respetar sus deseos y sus ganas. Puede parecer anecdótico, pero es revelador de la manera en la que educamos. He escuchado a muchos acusados contar sus abusos en la infancia y estoy convencida de que no nacemos perversos, nos convertimos en perversos a raíz de una vivencia o una experiencia. Lo que estoy diciendo no pretende dar excusas de ningún tipo, solo explicar cómo hemos llegado a esto. En este punto quiero reivindicar la toma de responsabilidad de cada uno. Podemos ser víctimas como yo lo he sido, pero he tomado conciencia de esa responsabilidad y he tratado mis traumas. La responsabilidad solo es nuestra, no de otros. Todas las personas en esta sala tenían la posibilidad de hacer otra elección. Siempre tenemos la opción de ir por otro camino. Sigo creyendo en el ser humano y, a pesar de lo que vivimos, creo que siempre tenemos la elección de no reproducirlo. En esa manera de relacionarnos es donde encontramos respuestas a nuestras preguntas. Tenemos la opción de cuidarnos y no ceder a la perversión. Tenemos tendencia a perdernos en el otro, a ceder al deseo del otro para no perderle, para no perder su amor, pero al final somos nosotros los que nos acabamos perdiendo. Yo he querido salir de la posición de víctima porque he tomado conciencia de que, si me quedaba ahí, eso podía conducir a tener una postura abusiva yo también. El control se convierte en un modo de supervivencia y si lo perdemos nos convertimos en abusadores, tanto hombres como mujeres. Espero que este juicio ofrezca una base de cambio a las generaciones venideras».

Uno de cada diez niños sufre algún tipo de violencia, física, sexual o de incesto, en Francia. Uno cada tres minutos. Durante el tiempo que duró el proceso de Mazan, más de 65.000.

12

LA NECESIDAD DE CONTAR

El 6 de noviembre de 2024, Julie Émile Fabre, una de las ilustradoras que hacían los bocetos durante las audiencias, se sentó con sus acuarelas delante de un hombre llamado Romain Vandevelde. Tras su declaración, anotó en su cuaderno: «Ha sido difícil dibujarlo. Había mucha emoción en él y mucha emoción en mí». Yo le miraba desde otro ángulo, más alejada, y tenía que contar su historia con palabras. En mis notas, entre paréntesis, escribí: «Romain V. 6 veces en Mazan. Violado. VIH. Sin preservativo. Hombre del box canoso, se esconde tras la mascarilla y sus gafas. Asustado, como si nada fuera con él. Psicólogos: no empatía. No elabora. Aún no sé qué emoción me genera».

Julie intentó dibujarlo y le costó porque había mucha emoción en él y mucha emoción en ella. Yo intenté describirlo, pero había una emoción contenida en él y mucha confusión en mí. Nos pasó a Julie, a mí y a otra treintena de periodistas, todas mujeres, que asistíamos asiduamente al juicio, que a veces nos costaba encontrar el trazo. Gisèle Pelicot se enfrentaba a sus cincuenta violadores y nosotras teníamos que contar las historias de sus cincuenta violadores. Nuestras emociones se cruzaban porque, como explicaba Julie, que como ilustradora tenía un sitio privilegiado en la sala, en los ojos de un hombre que tiene que declarar ante un tribunal encontramos lugares comunes: vergüenza, vulnerabilidad, miedo, rabia...

A medida que pasaba el tiempo y ya nos íbamos conociendo a ambos lados del banquillo, crecía mi sensación de que cada vez se sentían más intimidados por nuestra presencia. La expresaban de distintas maneras: algunos con gestos de desprecio o de ira; otros con descaro, intentando intimidar. Los había que nos miraban como si fuéramos extraterrestres, con indiferencia y también con resignación. La única mirada que no percibí dirigida a los bancos de la prensa en los casi cuatro meses que duró el juicio fue la de Dominique Pelicot.

En la segunda semana, a mediados de septiembre, cuando estaba a punto de decaer el interés informativo para la prensa internacional, le escribí un wasap a mi jefa, Silvia Román, subdirectora del área de «Internacional» de *El Mundo,* para plantearle hacer un seguimiento de este juicio hasta el final. «Creo que es importante estar aquí», le escribí. No tenía muy claro qué le estaba diciendo, pero me guie por la intuición. En ese momento, ella no me respondió porque debía de estar liada con el cierre de la edición del día siguiente, así que di la callada por respuesta y me lo tomé como un sí. No fui la única que solicitó permisos: Clara, Anna, Marion,

Britta, Juliette, Mavi, Leticia, Louise, Cindy, Marlène, Aurélie, Angelique, Ségolène, Catherine, Laure, Julie, Valérie, Tanita, Monique, Adèle, Cécile, Kim, Justine, Kareen, Céline, Melanie... Son solo algunas de las que acompañamos, en una sala llena de acusados de haberla violado, a Gisèle Pelicot.

La cobertura «fiel» del juicio de Mazan tenía nombre de mujer.

Hubo hombres, y algunos de ellos estuvieron muy implicados. Eran sobre todo de la prensa local y habían seguido el caso desde el principio, ya desde 2020, cuando detuvieron a Dominique Pelicot por grabar a mujeres por debajo de la falda en un supermercado. También estaban a menudo Edgar Sapiña, de la agencia EFE, e Iñaki, de la televisión vasca, ambos con una sensibilidad especial para contar este caso. Sin embargo, salvo estas excepciones y alguna otra, la mayor parte de las periodistas veníamos de París y éramos mujeres.

Uno de los primeros días de juicio se sentó a mi lado una chica rubia con el pelo recogido. Tomaba notas muy deprisa y parecía simpática. Era Juliette Campion, periodista de la cadena France Info. Sobre todo al principio, seguir las audiencias en francés al cien por cien a veces era difícil, porque no se escuchaba bien a los acusados o porque había términos jurídicos o vocabulario muy específico relativo a la sordidez de los actos que, afortunadamente, las extranjeras habíamos tenido el privilegio de no escuchar antes, así que solíamos mirar la pantalla de la vecina ante la duda. Había algunas que giraban su ordenador para que mirases bien. Juliette era una de ellas. Desde el principio del juicio, Juliette hizo algo muy valioso: contaba en un hilo de Twitter las audiencias. Iba detallando las declaraciones, casi al minuto, al mismo tiempo que tomaba sus propias notas. Era los ojos de toda esa gente que estaba interesada en el tema pero no podía desplazarse a Aviñón para asistir como público. También los nuestros cuando no podíamos acudir porque teníamos trabajo en París.

Del impacto de la labor que hacía Juliette fui consciente un día, cerca del final del juicio. Salía de casa y me encontré con la novia de mi vecino, Baia. Ella era una mujer cariñosa y cercana, pero él, cuyo nombre he olvidado, no me gustaba nada: era brusco y me daba muy mal rollo. A veces desde mi casa le oía gritar y no sabía si discutía con sus hijos o con Baia. Una noche me pareció que alguien llamaba a mi puerta. Como era medianoche y tenía la tele puesta, pensé que eran imaginaciones mías y que había oído mal. Días después, no sé si semanas, me la encontré en el portal y me pidió disculpas. «Perdona que tocase a tu puerta tan tarde, lo siento; cuando nos vimos, él iba un poco borracho». Yo no recordaba habérmelos encontrado estando él bebido y tampoco sabía si había sido el mismo día que creí escuchar la puerta, pero le di mi número de teléfono. «Escríbeme cuando lo necesites o llámame». Lo anotó mientras subíamos las escaleras, pero cuando él abrió la puerta, ella disimuló para que no viese que yo le había dado mi número. Me di cuenta de que le tenía miedo. Un domingo por la tarde, cuando bajaba con la maleta para irme a Aviñón, me la encontré y me preguntó si me iba a España de vacaciones. «No, no, nada de vacaciones, me voy a Aviñón a trabajar», le dije. «Ah, pero ¿de verdad que estás siguiendo el juicio de Mazan? Es increíble, yo lo sigo todos los días gracias al hilo de Twitter de Juliette Campion». Baia me contó, sin darme detalles, lo importante que era para ella estar conectada a la historia de Gisèle. Me sentí muy orgullosa de Juliette, por el trabajo que hacía y porque pensé, sin conocer los pormenores de la historia de Baia, que seguro que le hacía bien. Ese hilo en redes, que hizo de manera voluntaria y era un trabajo extra al margen de sus crónicas, cumplía el objetivo esencial del periodismo, ese que a veces se nos olvida: ayudar y dar respuestas a la gente. Juliette, como la mayoría de nosotras, también se puso de acuerdo con su jefe para poder estar el mayor tiempo posible en Aviñón. A veces tenía que hacer una serie de guardias rotatorias en la redacción, así que negociaba para cambiarlas y si se perdía alguna audiencia, se lamentaba de no poder estar en una u otra declaración. «Es que me jode no poder estar aquí mañana en la declaración» de uno u otro, protestaba. Del mismo modo que Julie plasmaba emociones en acuarelas, Juliette tenía la necesidad de ponerles palabras.

Marion Dubreuil, periodista de la cadena RMC e ilustradora, tenía acceso privilegiado a los acusados: los veía de frente. Al dibujar podían moverse por la sala libremente. Retrataba con acuarela y a la vez publicaba también un hilo en Twitter contando lo que iba pasando. Una noche, mientras tomábamos unas cervezas, me contó que su marido se quedaba con su hijo durante la semana y además la animaba a continuar porque a él también le parecía muy importante el trabajo que las periodistas hacíamos en el juicio. Era por el niño, porque estaba convencido de que iba a servir para dejarle un mundo mejor.

Contar Mazan se convirtió en una prioridad para muchas de nosotras. Ese otoño hubo un cambio de Gobierno en Francia, que estaba en medio de una crisis inédita, y todo ese embrollo político nos pilló en Aviñón. Cuando el nuevo primer ministro francés, Michel Barnier, dio su primer discurso ante la Asamblea Nacional, yo no estaba en París, estaba en la sala del Tribunal de Aviñón. En mitad de la declaración del acusado de turno, cuando Barnier empezó a hablar, salí a la Sala de Pasos Perdidos, me puse los cascos y escuché en directo el discurso, que escribí sentada en el suelo, y luego volví a entrar para continuar con la declaración. En ese contexto, el discurso político, que en realidad sucedía en un momento de gran incertidumbre y clave para el país, me pareció superficial e irrelevante en comparación con lo que escuchaba en la sala. Mis compañeras francesas se reían cuando yo decía que lo más importante que estaba pasando en Francia ese otoño ocurría en Aviñón, y que lo que pasaba en París se podía cubrir desde Aviñón, pero no a la inversa. Lo que tuviera que decir Michel Barnier creo que a Baia le importaba bien poco; en cambio, lo que estaba contando un acusado, supuestamente un hombre normal, como su novio, mi vecino, con el que tenía claramente una relación tóxica, sí que era de su interés. Baia no iba a encontrar las respuestas a sus principales preocupaciones en las palabras de Barnier en la Asamblea Nacional, sino en el hilo de Juliette.

Recuerdo un día que mi amiga Mavi Doñate, corresponsal de TVE, me dijo que cuando sabía que le tocaba ir a Aviñón, se sentía un poco liberada. A mí me pasaba igual. No era porque no trabajásemos o porque la cobertura no fuera dura. Era mucho más intensa que cualquier otra cosa. Era paradójico, pero habíamos hecho de esas callejuelas oscuras de Aviñón un poco nuestro hogar. Cuanto más duro se hacía, más necesitábamos estar allí para poder contar y más necesitábamos que estuvieran las otras. Las caras conocidas eran un refugio. Hablando un día sobre algunas cosas que nos habían llamado la atención del juicio, Mavi recordaba entre risas cuando Joseph Cocco, el acusado con menos cargos, la había mirado con consternación cuando acabó de declarar, como buscando complicidad y apoyo por el mal rato que había pasado declarando, y se le vino a la cabeza esa frase de «Odia el delito y compadece al delincuente».

Odiamos mucho el delito y a veces compadecimos al delincuente. Julie decía que el juicio era una forma de reparación para todos, para Gisèle Pelicot, para los acusados y para todos los que formábamos parte del proceso. Es el regalo que ella nos había hecho al abrir al público su historia: nos dio la oportunidad de encontrar respuestas a temas universales de una complejidad enorme.

La multitarea se imponía, sobre todo para las periodistas extranjeras, que teníamos que seguir la política y los múltiples juicios que tenían lugar en ese momento y que no eran pocos: entre ellos, el de la líder del partido de extrema derecha francés Reagrupamiento Nacional, Marine Le Pen, y una veintena de miembros de su formación por desvío de fondos. Le Pen era la candidata favorita al Elíseo en las elecciones presidenciales de 2027 y corría el riesgo de que la inhabilitaran, como al final ocurrió, y no poder presentarse. El juicio a Le Pen duró dos meses, coincidiendo en parte con el de Mazan. Sin embargo, ni un solo día me planteé la opción de estar en el sitio equivocado. Ni yo ni Angelique Chrisafis, del periódico británico *The Guardian*, que se lamentaba cuando le tocaba quedarse en París para cubrir el otro tercer proceso mediático del momento, el que juzgaba a los acusados de haber provocado la cadena de odio que llevó a la muerte del profesor Samuel Paty, que fue degollado por un terrorista checheno en 2020.

Hubo varios viernes en los que las declaraciones de los acusados se alargaron o retrasaron. Un viernes, Britta y yo teníamos el billete de vuelta para París a mediodía, pero no podíamos dejar la declaración de Christian Lescole a medias. Cuando vimos que se alargaba, nos miramos: «Voy a cambiar la hora de vuelta, ¿y tú?», me susurró. «Por supuesto, voy a ello». «Yo tengo tres reservas». «Yo ninguna». Nos partimos de la risa en el banquillo. Ella, que era muy previsora y siempre bloqueaba varios billetes, cambió una de las reservas y yo, que era todo lo contrario y lo hacía todo en el último minuto, pagué una penalización por el cambio de billete. Hubo un día en el que la agencia de meteorología anunció inundaciones en Aviñón y había peligro de que el río se desbordara. En mitad de una audiencia nos empezaron a sonar a todos esas alertas por SMS que parecen anticipar un ataque nuclear. «Por hoy se acaba la sesión, mañana daremos el aviso de si podemos celebrar la audiencia». Al día siguiente era viernes, pero pocas adelantaron el billete. La mayoría nos fuimos al hotel, rezando para no tener que pasar el fin de semana en Aviñón.

Britta y yo compartíamos y sufríamos el trabajo de la otra. A ella le encargaron hacer un pódcast sobre el juicio que le llevó semanas de entrevistas, redacción y mucho trabajo. Me hablaba todo el rato del pódcast. Tras la sentencia, hizo una pequeña fiesta en su casa en París, me sacó de la multitud, me llevó a su despacho y me dijo: «Mira, aquí se ha fraguado el famoso pódcast». Yo pensaba que era la única que tenía folios desparramados, esquemas colgados en la pared con fechas, nombres subrayados y delitos cometidos, como si estuviera yo misma haciendo una investigación policial. El despacho de Britta estaba, como la pared de mi casa, lleno de meses de intensidad en pilas de folios y anotaciones.

Anna Margueritat trabajaba como fotógrafa para la agencia Hans Lucas y le pasó como al resto: fue los primeros días y creyó que era importante estar. Era freelance, así que empezó a hacer *crowdfunding* por redes para pagarse al menos los billetes de tren. La gente respondió y Anna siguió viniendo semana tras semana gracias a la colaboración sobre todo de mujeres que la seguían en redes sociales, donde ella, como Juliette y Marion, contaba lo que iba pasando. Con ella me partía de la risa, porque teníamos la investigación oficial y luego estaba la paralela que Anna hacía a los acusados. Por ejemplo, indagó el origen de todos los tatuajes que llevaba, muy visibles, Quentin Hennebert, que había trabajado como vigilante en la misma cárcel donde luego entraría ya como condenado. Según Anna, estaban vinculados a la extrema derecha. Juntas hicimos la lista de las distintas tipologías de no violaciones esgrimidas por los acusados. Llegamos a anotar treinta. Cuando uno decía alguna frase insólita, nos escribíamos rápidamente por WhatsApp: «¡Otra más!». Un día me presentó a su madre en el tren de vuelta a París. Esta me dio un abrazo y entendí que, como hubiera hecho la mía, agradecía mucho que nos tuviésemos como apoyo las unas a las otras.

Muchas de nosotras tuvimos algún que otro encontronazo con el *boys club*, el grupo de acusados que se apoyaban entre ellos reafirmándose en su inocencia, pues según ellos el responsable de sus actos era Dominique Pelicot, y por supuesto la prensa. Cyril Beaubis era el primero en dar palmaditas en la espalda a sus colegas de banquillo, otros se reunían en la puerta del tribunal a comentar o en el bar de Sofiane antes de que este les echase. Había unos cuantos que no hablaban con nadie y alguno muy agresivo. Un día estaba en la cola para entrar en el tribunal y me agaché para sacar de la mochila la batería externa del teléfono. De repente vi a un hombre con mascarilla y capucha que venía como un loco hacia mí, apuntándome con el dedo. «¡No me grabes, no me grabes! ¡Dame tu teléfono, dame tu teléfono ahora mismo!». Tardé unos segundos en reaccionar y en darme cuenta de que era Husamettin Dogan, uno de los acusados más turbios que vimos pasar por allí, pues ya había tenido incidentes con otros compañeros, iba tapado hasta arriba y era de los más victimistas. Había declarado el día anterior, había llorado y se había reivindicado como la víctima de un juicio donde todo el mundo, sobre todo la prensa, tenía la culpa de todo, incluidos sus propios actos. Cuando se acercó, mi reacción instintiva fue decirle que no estaba grabando nada, pero cuando me di cuenta de que era él, tapado con mascarilla y capucha, le grité: «¿Que te dé mi teléfono? ¿Es que tú todavía no te has enterado de por qué estás aquí?». Uno de los policías vino a poner orden. No era la primera vez. Este mismo acusado increpó a otras compañeras.

Con Ségolène Le Stradic, Sego, periodista muy joven de *The New York Times*, compartí, además de banquillo, paseos de camino a nuestros respectivos hoteles o apartamentos en los que hablábamos de todas esas relaciones en el límite, de amigas o propias.

Nos íbamos a trabajar a un bar en una de las plazas del centro de Aviñón. Escribíamos, hacíamos pausas, salíamos a fumar y volvíamos a analizar eso que ya habíamos abordado antes. Los interrogantes se abrían sin cesar, cerrabas uno pero alguna de las compañeras te hacía ver algo que no habías visto. Definir el trazo de la historia era muy difícil, se abrían grietas constantemente, vivíamos en el sobrepensamiento, dormíamos regular y nos habíamos vuelto mucho más desconfiadas. Aurélie Jacques, de *Vanity Fair*, se sentó a mí lado en algunos de los visionados de los vídeos más duros. En uno de ellos, nos dijimos a la vez en voz baja, cada una en su idioma: *putain*, joder. En realidad, quería decir «Creíamos que lo habíamos visto todo, pero no». Las largas jornadas de audiencia en la sala se hacían amenas gracias a la compañía mutua, a la complicidad.

Cuando había que hacer esperas en la puerta para poder coger sitio, una iba a por los bocadillos de las otras. La sororidad era la tabla de salvación. A veces, veía que Gisèle miraba fijamente hacia donde estábamos y me sobresaltaba: «¿Por qué nos estará mirando?». Después entendí que ya nos conocía y que, probablemente, nuestra presencia la había reconfortado en esa sala llena de sus violadores.

La mayoría de las periodistas francesas estaban especializadas en Tribunales, pero este proceso era distinto: no era un juicio por terrorismo o por evasión fiscal. Este nos tocaba a todas. Para mí era nuevo. Aprendí mucho de ellas. Compartíamos apuntes, contactos, miserias, esperas, bocadillos y cervezas, comidas en el 75, experiencias propias, penas y alegrías personales, incertidumbres laborales y vueltas a casa por la noche, con ese mensaje con el que todas habíamos crecido: «Avisa al llegar».

Las mujeres eran clave en ese juicio. La jueza de instrucción del caso, Gwenola Journot, cuarenta y un años, fue la que lideró la investigación, desde noviembre de 2020 hasta junio de 2023, y declaró durante el juicio. Es inhabitual que el responsable del sumario dé su testimonio una vez iniciado el proceso. Pero este caso era extraordinario y el abogado de uno de los acusados pidió que testificase, argumentando que la investigación tenía algunas lagunas; denunciaba un complot del matrimonio Pelicot y decía que las pesquisas no se habían realizado bien. Journot, durante su comparecencia, mostró su frustración cuando explicó que no lograron identificar a todos los autores de las violaciones a Gisèle Pelicot, unas doscientas, con setenta y dos hombres más o menos visibles en las imágenes. «Había muchos casos en los que la imagen era tan borrosa que no conseguimos sacar una foto clara» del implicado. En otros no se lograron asociar esos rostros difusos a ningún número de teléfono de los registrados en el teléfono de Dominique Pelicot, ni siquiera rastreando en las redes sociales. Son esos anónimos con pseudónimo que escaparon a la justicia.

El ministerio público, la Fiscalía, estaba representada por un hombre y una mujer. Ella era Laure Chabaud. A todas las periodistas nos encantaba porque era incisiva cuando interrogaba a los acusados. Era severa, los acorralaba, y estos se iban haciendo cada vez más pequeños y se desarmaban: empezaban serenos, con un discurso aparentemente armado, y acababan como un niño al que se le reprende y que ya dice lo primero que se le ocurre. Chabaud manejaba el arte del interrogatorio y lo hacía con tal maestría que todos acababan cayendo.

Con Clara Seren Rosso, freelance para varios medios, pasé una velada curiosa. Fue a tres, con Philippe Leleu, uno de los acusados. En realidad, estábamos las dos solas, pero la bautizamos así, «Una *soirée* con Leleu», porque la pasamos intentando encontrar su trazo. El último día, cuando los acusados tenían la última palabra, Cindy Hubert, de la cadena RTL, sentada a mi lado, me dijo: «¿Has intentado hablar con alguno? Llevamos aquí tres meses y medio, es hoy o nunca». Pensamos a quién dirigirnos. Debía tener un perfil bajo, que no fuese agresivo ni especialmente temperamental. Era complicado hablar con los acusados que estaban en libertad provisional, nos planteábamos debates éticos, les habíamos escuchado declarar durante horas, pero las preguntas que les podíamos hacer los periodistas no eran las mismas que les podía hacer un tribunal. Teníamos cuatro opciones. Nos los repartimos al salir de la sala. Cindy se acercó a Jacques Cubeau, uno de los hombres con menos cargos. No quiso hablar. Yo intenté abordar a Joseph Cocco, que frecuentaba el bar de Sofiane, así que me fui un momento allí a buscarle, pero le había echado días antes. Volví al tribunal. La gente fue saliendo de la sala y me percaté de que Philippe Leleu hablaba con algunas de las mujeres que iban como público, varias asiduas, rondaban los sesenta. Me acerqué a escuchar, él se justificaba con ellas, intentaba explicar que Dominique Pelicot le había manipulado. La conversación había llegado al punto en que alguna de esas mujeres le entendía y justificaba su debilidad. Aprovechando el debate, le pregunté si podíamos hablar. Al principio accedió, pero intercedió alguien, que no era su abogado, para que no aceptara. «Bueno... Prefiero que no hablemos», me dijo. No quise insistir. Al rato le vi declarando para una televisión y pensé que igual era verdad que ese hombre, que había alegado que tenía una personalidad influenciable y por eso acabó en Mazan, verdaderamente lo era, pues no había querido hablar con una mujer con libreta y al final había acabado con un micrófono de pértiga sobre la cabeza frente a una cámara. Esperé el turno y llamé a Cindy, que estaba en el bar de Sofiane, y vino corriendo. Marion nos vio y se unió. Éramos las tres con Philippe Leleu. Empezó a hablar de todo lo que no había hablado en el tribunal, porque ante un juez no cuentas lo mismo que a un periodista o a un amigo. Tenía un fuerte acento de provincia y costaba entenderle, no elaboraba excesivamente bien. Marion me miraba con cara de circunstancias. Él fue el último acusado en declarar. El número cincuenta. Grabé la conversación en el teléfono, rezando para poder luego transcribir su discurso, atropellado, comiéndose finales de palabras.

Por la tarde me fui a escribir sobre Leleu a uno de los cafés de la plaza. Allí estaba en una mesa Clara, casi vagando, como en realidad estábamos todas en ese punto, ya al final: desorientadas, intentando encontrarle sentido a esos cuatro meses de sinsentido. Nos sentamos juntas a trabajar. Le conté la historia con Leleu. Me puse la grabación, pero no entendía la mitad. Clara se puso el audio. Su expresión hablaba por sí sola. «Joder, ¡es que ni yo misma le entiendo!». Nos pasamos la tarde transcribiéndolo.

Quedaban solo unos días para que se dictara sentencia y Clara y yo hablamos de en qué nos había cambiado aquel juicio: cómo habíamos empezado y cómo acabábamos. Intentando desencriptar a Leleu, coincidimos en que ese hombre nos daba una profunda lástima. Las dos habíamos hecho un viaje parecido, de la rigidez a la comprensión. Habíamos cambiado: entendíamos todo mejor y a la vez estábamos peor que cuando empezamos. Nos dijimos que, cuando todo acabase, nos acordaríamos siempre de esa *soirée* que habíamos pasado con Leleu, ese hombre huidizo y evasivo, con un tic insistente en el ojo, que nunca te llegaba a mirar a la cara, porque ni él mismo sabía hacia dónde mirar. Julie decía: «Hay acusados que evitan que les diseñe, se esconden y a veces pienso que sería más justo hacer ese trazo si hubiera un consentimiento, qué paradójico, también de ellos, para hacerles un retrato más justo».

13
LA SENTENCIA

Nostalgia anticipada

Unos meses antes de que comenzase el juicio de las violaciones de Mazan, coincidí en un viaje de trabajo a Venecia con un crítico de arte francés, Paul Ardenne. Fue el mismo viaje en el que conocí a Britta Sandberg, la periodista de *Der Spiegel*, aunque donde nos hicimos amigas fue compartiendo horas de banquillo en Aviñón, no en los canales. El viaje era por una exposición de arte. Durante el encuentro con el artista, Ardenne le preguntó algo referente a la parte de melancolía y de nostalgia que había en su obra. Me quedé pensando más en la pregunta que en la respuesta. Esa noche se sentó a mi lado en la cena, así que lo primero que hice fue interrogarle sobre ello y entramos en un debate sobre los matices del sentimiento de vacío que evocan ambas expresiones. Él concluyó: «La melancolía es echar de menos algo que no tienes, no has tenido y anhelas.

Es eso lo que te genera vacío. La nostalgia es añorar algo que sí has vivido y que se ha quedado atrás». También «puedes tener a la vez nostalgia y melancolía, por algo que existió, pero no como tú querías».

En Aviñón empezamos a sentir nostalgia anticipada semanas antes de que acabase el juicio, cuando testificó el último de los acusados y solo quedaban los alegatos de los abogados. Habían declarado ya víctima y acusados. A continuación, la Fiscalía había hecho sus peticiones de pena y los abogados de ambas partes ponían el broche con sus discursos antes de que se suspendiesen las audiencias para que el tribunal se retirase a dirimir el fallo. Como había tantos acusados, esta última etapa, la de las exposiciones de los letrados, duró casi dos semanas. Fue ese tiempo en el que empezamos a ser conscientes de que estábamos llegando al final. «Esto se acaba. ¿Qué vamos a hacer ahora?», nos preguntábamos los periodistas unos a otros en los descansos. Es algo que también verbalizaban algunos abogados. Al final habríamos pasado más de sesenta días en ese tribunal, casi cuatro meses, cogiendo trenes a horas tardías o muy tempranas, durmiendo en hoteles y viéndonos las caras casi a diario, a veces comiendo cualquier cosa sentados en el suelo, tomando apuntes y debatiendo sobre todas esas preguntas universales. La vuelta a la normalidad nos daba vértigo. Todos sentíamos que el viaje se acababa, y era uno que al principio no habíamos previsto: hacia el interior.

Como periodista, puedes conocer gente o ir a destinos que son inaccesibles para el resto, es uno de los privilegios de la profesión. La semana que empezó el juicio yo tenía que haber estado de viaje a miles de kilómetros, en Los Ángeles, pero cancelé por circunstancias personales. El de Mazan me llevó quizá más lejos, a un lugar dentro de mí al que posiblemente no habría accedido, o no con tanta intensidad, si no hubiese aterrizado en Aviñón, a tres horas de mi casa, un 4 de septiembre de 2024. Fuimos para una semana y al final pasamos allí un tercio del año. Llegamos aún con el moreno playero, este se nos fue apagando, los días se fueron acortando, vimos caer las hojas de los árboles y nos fuimos con los adornos de Navidad puestos. Compartir estaciones del año, aunque sea en una sala cerrada donde no sientes ni frío ni calor, deja una huella, que se tradujo en esa nostalgia. Así que muchas de las que llevábamos meses quejándonos porque Aviñón había congelado nuestras vidas, en el fondo habíamos quedado atrapadas en la burbuja estacional.

Cada vez que volvía a París, tenía sensación de aterrizar de otro planeta, y después de toda la montaña rusa emocional, al volver no sabía si tenía frío o calor. Retomar la vida «normal» era difícil, porque había que seguir adelante con todo eso que nos había impactado, con ese saco de preguntas sin respuesta. Meses después del final del juicio, quedé en París con Anna, Clara y Julie. Ninguna de las cuatro habíamos conseguido desengancharnos. Aurélie, de *Vanity Fair*, me dijo que había estado varias semanas depresiva, como si la hubieran vaciado y se hubiera quedado sin fuerzas para nada. A mí me pasó lo mismo. La mayoría de nosotras seguimos escribiendo, como si así exorcizáramos nuestros fantasmas, pero tampoco habíamos previsto que, al hacerlo esta vez en primera persona y no en tercera, nos íbamos a quedar sin la barrera de protección que hasta ahora habíamos tenido, la que tiene un periodista: hablar de otros sin meterse en la historia. Pero a esas alturas nosotras también formábamos parte de ella y lo que habíamos vivido durante el juicio nos iba a acompañar.

Teníamos nostalgia anticipada también por las costumbres más sencillas: el bar de Sofiane, el propio tribunal, hasta comer un bocata sentadas en la puerta de esa sala. Había llegado a conocer las calles de Aviñón como si fueran mi barrio. Hace diez años, en un viaje por la Provenza, pasé una noche allí. Nunca imaginé que iba a ver las estaciones pasar. Había gente que se quedaba siempre en el mismo hotel. Como yo era muy desorganizada, improvisaba a última hora, así que siempre me tocaban los peores. También a eso me acostumbré, a coger llaves en un cajetín en medio de cualquier calle a las tantas de la noche y a entrar en portales oscuros donde no sabías qué te ibas a encontrar. También eso fue parte de la aventura.

El alojamiento de la semana de la sentencia fue el colofón. Llegué a Aviñón el domingo 15 de diciembre a medianoche, en el último tren, y Leticia Fuentes, compañera de *El Periódico de Cataluña*, con la que había acordado compartir el apartamento, llegaba al día siguiente. El sitio estaba a doscientos metros del tribunal, al lado de una gasolinera, en mitad de la carretera y sin visibilidad. El acceso estaba en un callejón a oscuras, donde había una verja destartalada que se cerraba según entrabas, así que te dejaba atrapada dentro del edificio, cuya entrada estaba llena de escombros. Cuando intentaba acceder, peleándome con el propietario porque las instrucciones no estaban claras, bajó un hombre, colocado y con una lata de cerveza en la mano. Los edificios en Aviñón son muy antiguos, los accesos eran complicados, las calles se quedaban a oscuras y desiertas pronto. Mientras trataba de entrar en el apartamento, llamé a Leticia, que empezó a pelearse con Booking mientras yo, en paralelo, pillaba otro sitio para el día siguiente. Cualquiera habría salido corriendo de aquel antro aquella noche, pero a esas alturas me había quedado claro que un violador no tiene por qué ser un tipo que te asalta en un portal, así que me metí en la cama tranquila y sin pensarlo mucho.

La última palabra

El lunes 16 de diciembre era el último día de juicio como tal. Los acusados podían intervenir en su defensa si lo deseaban. Era la última vez que los escucharíamos y también la oportunidad definitiva para captar algo que nos hiciese entender por qué ninguno salió corriendo de la habitación de Mazan, si es que no lo habíamos entendido ya todo. La nostalgia anticipatoria se respiraba en toda la ciudad. Salí del antro donde dormí y me fui al local de Nico, que abría a las 7 de la mañana, donde solía comprar el café doble antes de ir al tribunal: «Bueno, esto se acaba, ¿y ahora qué vais a hacer?», me dijo Nico. Llevaba meses atendiendo a periodistas, abogados y acusados en su local, a estos últimos solo después de que Sofiane, semanas antes, decidiera no servirles más.

Ese era el último día antes de que el tribunal se retirase a deliberar. Había cola en la puerta, pero aún no había la avalancha de gente que se esperaba para la sentencia. Ese lunes 16 de diciembre, a las 9.16, Dominique Pelicot inauguró el último turno de palabra. El presidente del tribunal, Roger Arata, le introdujo: «Señor Pelicot, le doy la palabra, por si tiene usted algo que añadir a su defensa».

Dominique Pelicot cogió el micrófono, sentado, con su eterno jersey gris y su tono de voz grave pero apagada a la vez: «Quiero empezar alabando la valentía de esa mujer por haber soportado todo esto. También quiero pedirle perdón a la señora Marechal. Me arrepiento de todo lo que he hecho. Quiero agradecer al tribunal que me haya permitido permanecer sentado, por mi estado, que me hayan traído esta silla, y lamento si alguna vez le he faltado al respeto. Gracias a mi abogada, la señora Zavarro, por sus consejos, su humanidad. En muchas ocasiones he querido tirar la toalla, pero ella me lo desaconsejó. Habría sido una muestra de cobardía hacia mi familia y se lo hubiera puesto fácil al resto de los acusados. Yo pagaré mi deuda en prisión, que es la condena de no poder volver a ver a los míos nunca más». Eran las últimas palabras del monstruo de Mazan.

Tras Dominique Pelicot, se fue llamando uno por uno a los otros cuarenta y nueve acusados presentes en la sala. Eran cincuenta implicados, además de Pelicot. El segundo en hablar fue Jean Pierre Marechal, acusado de haber drogado a su propia mujer y haberla violado junto con Dominique Pelicot, pero sin cargos en lo que respecta a Gisèle Pelicot, pues fue el único que no estuvo en la habitación de Mazan. Se limitó a decir: «Soy responsable de mis actos. Pido perdón a mi mujer y a mi familia, por lo que he hecho y por lo que soy».

La mayoría se levantaba y decía «No tengo nada más que añadir». Sus abogados les habían aconsejado que no se pronunciasen, salvo que tuvieran algo que aportar. Esa frase al final del relato sonaba a esa excusa que habían ido dando los meses previos: «Pensaba que era un juego libertino de pareja, Pelicot me manipuló». Había algunos que, en ese último turno de palabra que se les concedía, sí tenían cosas que añadir. Muchos agradecieron al tribunal haberles dejado expresarse, que se les hubiese «escuchado», como si nunca nadie lo hubiera hecho de esa manera. Creo que para muchos de esos hombres, que no habían hablado en voz alta antes sobre sus propias vidas y que tenían poca capacidad de introspección, los interrogatorios, sobre todo los que tenían que ver con su pasado, de alguna manera fueron terapéuticos.

Más de una decena tuvo unas palabras para Gisèle, en la mayoría de los casos disculpas poco creíbles, pues seguían sin reconocer la intencionalidad de los actos cometidos, que a su vez admitían. Cyrille Delville, un acusado lleno de tatuajes que a veces me cruzaba en el estanco y que se ponía al final de la sala con una actitud intimidatoria hacia las periodistas, dijo: «Señora Guillou, espero que pueda recuperarse gracias al amor de sus hijos y sus nietos y eso le dé fuerzas para seguir adelante». Me llamó la atención que usara el apellido de soltera de Gisèle, Guillou, no Pelicot.

Adrien Longeron, el acusado de familia bien, ese que dijo haberse sentido un trozo de carne violando a Gisèle Pelicot manipulado por Dominique Pelicot, dedicó un pensamiento «a las familias destruidas por este caso». No hizo mención directa a la víctima, hacia la que nunca se dirigió ni mostró ningún gesto de empatía. Creo que cuando agachaba la cabeza y la escondía entre los brazos, algo que hacía muy a menudo, en realidad solo pensaba en su propio sufrimiento y el de su familia, no en el que él podía haber causado.

En el lado contrario, el del discurso aparentemente sincero, la sorpresa nos la dio Jérôme Villela, uno de los acusados con más cargos, puesto que fue seis veces a Mazan. Fue uno de los más colaborativos en su declaración, durante la cual dijo que iba a ser todo lo sincero que pudiera porque quería «aportar respuestas a la señora Pelicot». Al contrario que otros, monosilábicos y evasivos, intentó explicarse hasta tal punto que el abogado de Gisèle Pelicot, Antoine Camus, se lo reconoció. En su último turno de palabra, Jérôme Villela añadió cosas: «El fiscal, hace unos días, dijo que yo no había asumido la responsabilidad de mis actos, pero no es verdad. Por eso, me comprometo a no recurrir la pena que se me aplique, que seguro será de dos cifras. A la sociedad y a la sala anexa, la del público, les pido perdón. Señor Pelicot, yo soy responsable de mis actos, me arrepiento de habérmelo cruzado, pero frente a usted no siento odio. Señora Pelicot, quiero pedirle perdón una vez más, si alguna vez puedo hacer algún tipo de justicia restaurativa hacía usted, para mí eso aporta más que la justicia. En cualquier caso, le deseo que pueda reconstruirse, aunque sea difícil, en los quince o veinte años que le queden de vida». Era difícil saber si eran sinceros o no, aunque yo preferí pensar que Jérôme Villela lo estaba siendo.

En esa última ronda de palabra los periodistas ya habíamos anticipado que habría momentos memorables. Habíamos hecho nuestras apuestas. El primero, que esperábamos con expectación, llegó de la mano de Redouane el Farihi, que salió al atril como cuando le tocó declarar, alterado y con sus notas manuscritas en la mano como si llevase (sin el condicional) meses anotando hipótesis en sus cuadernos. Las leía y releía en el banquillo, a veces apuntaba cosas. En teoría, los acusados tenían unos minutos para expresarse y solo si iban a aportar algo a su defensa que no hubieran dicho ya. El Farihi no dijo nada nuevo, sino que redundó en la misma teoría conspirativa que había expuesto ya y el presidente del tribunal tuvo que interrumpirle varias veces para recordarle las reglas. «¡Es que yo soy el único de los acusados que ha trabajado a fondo el sumario!», le recriminó sin dejar de insistir en la idea de que había sido drogado y de que Dominique Pelicot y Gisèle estaban compinchados y todo era un plan orquestado por ambos. Su abogada resoplaba, como en la mayoría de sus intervenciones durante esos meses, y se acercó al atril para intentar pararle. «¡Es que no encuentro otra explicación posible al hecho de que yo no pensase en ese momento!», dijo refiriéndose a su falta de reacción, a no haber salido corriendo de la habitación de Mazan cuando se encontró frente a una mujer inerte. Acabó llorando, con sus notas manuscritas en la mano, y le obligaron a volver a su sitio en el banquillo.

Otro que se explayó, dentro del pronóstico, fue Cédric Grassot. Durante su declaración había hecho una exposición detallada sobre los orígenes de su propia perversidad y sobre su proceso de reflexión y trabajo personal dentro de prisión. Es de los pocos que admitía ser un violador, y usó esa palabra que se les atragantaba a los demás. Arrancó diciendo: «No tengo nada más que añadir», pero bien que lo hizo. «He reconocido los actos y mi turno de palabra hoy me obliga a terminar el examen de conciencia que he hecho. Voy a ser sincero con ustedes. Señora Pelicot, ya le he hablado de mi culpabilidad, mis remordimientos y mi vergüenza. Sé que las excusas son inconcebibles. Soy consciente de lo que le he hecho, señora. Usted ha sufrido una violación por mi parte». Fue de los pocos a los que Gisèle Pelicot miraba mientras hablaba, los que admitían que la habían violado. «En lo que respecta a las imágenes pedófilas, he abierto la caja de Pandora», señaló en referencia al hallazgo en sus archivos informáticos de imágenes de menores. Este acusado dijo haber hecho un «gran trabajo» con su psicólogo en prisión, cuyo resultado era ese reconocimiento sincero de todos los hechos.

Así fueron pasando los cuarenta y nueve, entre los que no tenían nada más que añadir, los que añadieron poco, los que se disculparon pero sin admitir que habían cometido una violación y apenas un puñado que sí lo hizo. El presidente del tribunal dio por concluido el juicio: «Se suspende la sesión. La sentencia se dictará el jueves, a las 9.30. Es una fecha provisional, porque el veredicto podría retrasarse al jueves por la tarde o al viernes por la mañana. El miércoles avisaremos a todas las partes para confirmar». Para los acusados empezaba la espera. Los periodistas aguardamos a que salieran los acusados y echamos un último vistazo a la sala, sabíamos que era la última vez que estaríamos allí, pues el día de la sentencia ya no podríamos entrar. Nos quedamos un rato repasando ese espacio en el que habíamos pasado tantas horas. Éramos conscientes también de que a partir de entonces íbamos a habitar otro espacio, a experimentar un vacío en el que tendríamos que gestionar el impacto emocional de haber cubierto el proceso. Intuíamos que nos llegaría después, cuando parásemos. Miré por última vez los bancos, los boxes. Salí de las últimas. El propio Dominique Pelicot se quedó un rato de pie, mirando al fondo, como si también él tuviera nostalgia.

La sentencia se dictaba un jueves y el último día de audiencia fue el lunes, así que teníamos un par de días para disfrutar de Aviñón casi como turistas, aunque ya no era posible, lo conocíamos demasiado bien. Leticia llegó y pasamos una noche en el alojamiento nuevo, que ya estaba ocupado el resto de la semana, así que acabamos de vuelta en el de los escombros. Era casi cómico que, después de meses de juicio, tuviéramos que quedarnos en un antro justo al final. Mavi, Iñaki, Leticia, Edgar y yo dedicamos el tiempo a buscar un ramo de flores para dárselas a Gisèle Pelicot en nombre de los periodistas españoles que habíamos seguido el caso. Era nuestro agradecimiento por todo lo que había movido. Escribí a Anne Sophie, la abogada de la asociación de víctimas de violencia sexual que la acompañaba en la sala, y quedamos con ella en el tribunal para entregárselas. Fue rarísimo ir allí un día normal. La Sala de Pasos Perdidos, el vestíbulo donde se colocaban habitualmente las cámaras para grabar las entradas y salidas de Gisèle y los acusados, estaba desierta. No había colas. El vacío era espacial y emocional.

El día después de las flores, aprovechando la calma, fuimos a comer al 75, el restaurante donde iban Gisèle y sus abogados. Fue el día antes de la sentencia. Cuando ya habíamos pagado y estábamos saliendo, la vimos en la calle. En contra de lo que pudiera parecer, los periodistas no hablábamos con ella ni durante ni después de las audiencias. Alguno se acercaba a su sitio, sobre todo las ilustradoras, si tenían algo que comentarle, pero no se hacían corrillos y normalmente nos comunicábamos con sus abogados. Siempre respetamos su espacio y el hecho de que no quisiera hablar a la prensa. Ese día, sin embargo, al verla salir por la puerta, fuimos al asalto. «¡Gisèle!», le gritamos. Se giró, divertida, y estuvimos un rato charlando con ella. Nos dijo que estaba muy agradecida por todo el apoyo que había recibido por parte de España, el de todos los periodistas, porque nuestra presencia en la sala le había reconfortado y le había ayudado a enfrentarse día a día a sus violadores.

Iñaki, que casualmente pasaba por allí con su cámara en el coche, nos vio en mitad de la calle y saltó del vehículo, justo para la foto. Nos hicimos una con ella todos juntos, el «equipo Mazan»: Gisèle, Mavi, Edgar, Iñaki, Leticia y yo. Fue un bonito broche a esos meses.

La sentencia. 19 de diciembre de 2024

Esa noche no pude dormir. Como si fuera yo la que esperase mi propia sentencia. El 19 de diciembre de 2024 es una fecha que quedará grabada tiempo en mi memoria, como la de un cumpleaños o un aniversario. Antes de las siete de la mañana ya había gente haciendo cola en la puerta del tribunal y decenas de cámaras. Había quinientos periodistas acreditados para ese último día. Estábamos los habituales y mucha más prensa, tanto nacional como extranjera. Vino gente hasta de Japón. Iba a ser la guerra intentar encontrar un sitio en las salas. Estuvimos más de dos horas en la cola, con los cafés en la mano y todos nerviosos. La muralla frente al tribunal, la que separa Aviñón intramuros de la parte exterior, amaneció con una nueva pancarta de apoyo: MERCI, GISÈLE.

Se había preparado un amplio dispositivo policial, pues los acusados en libertad condicional debían entrar por la puerta principal, como todo el mundo, pero había asociaciones de feministas que les esperaban y se temían incidentes. Era la última vez que entrarían por el arco de seguridad y la mayoría no saldría por el mismo sitio, sino que lo haría esposado y en un furgón policial, camino a la prisión de Pontet, en Aviñón. Pasarían la Nochebuena en una celda. A las nueve abrieron las rejas de la calle y entramos todos, apretados. Para ordenar el flujo en las salas, dieron prioridad a los periodistas que habíamos asistido a menudo a las audiencias, pero aun así, se formaron tumultos porque mucha gente se colaba. Nadie quería arriesgarse a quedarse fuera. Se habían habilitado dos salas para la prensa y los familiares, pues a la principal ese día solo podían acceder cuatro periodistas: Inès Guillemot, de *La Provence*, un periódico local; Juliette Campion, de la radio France Info; y dos compañeros de la agencia de noticias AFP. En una de las salas adicionales, la llamada Beccariat, estaban las familias de los acusados. Al entrar, dabas tus datos, enseñabas tu acreditación y te adjudicaban un espacio. Me tocó en la otra, pero lo negocié con Dorian Maurant, el responsable de prensa del tribunal, y me la cambió rápidamente. Si ese día no iba a poder ver en directo las reacciones de los acusados, al menos sí las de sus allegados. La Sala de los Pasos Perdidos era un caos: había abogados, familiares, público, periodistas, cámaras intentando captar a Gisèle entrando…

Tomé asiento. Empezaron a entrar, como yo preveía, sobre todo mujeres. Era imposible no ver el contraste: una sala llena de hombres acusados y otra para las familias llena de hermanas, madres, parejas. Conocía a muchas de ellas. Había una chica rubia que lloraba sin parar. La madre de Adrien Longeron se sentó en un banco a mi izquierda, con la cara rígida, que se sostenía entre las manos. La

Fiscalía había pedido para su hijo nada menos que trece años de cárcel, una de las penas más altas. En el banco de delante se sentó la madre de otro de los acusados, Cyril Beaubis. Iba con otra mujer que se le parecía mucho, seguramente su hermana. Me dio ternura, porque me recordaron a mi madre o a mis tías. Esa mujer, que había arropado a su hijo sin hacerse muchas preguntas, probablemente no le vería a la salida. Me reconfortó ver al padre de Boris Moulin, el único, junto con el de Christian Lescole, que había ido a testificar por su hijo. Este último, que acudió a declarar con muletas y que acababa de perder a su mujer, no estaba presente. Las salas empezaban a llenarse y el vestíbulo a vaciarse. Solo nos quedaba escuchar el veredicto. El tribunal estaba compuesto por cinco jueces: el presidente, Roger Arata, otro juez muy veterano que sonreía hasta cuando interrogaba y tres mujeres. Además de los dos fiscales.

Eran las 9.45 cuando el funcionario de la corte anunció: «El tribunal». Todo el mundo se levantó, como ocurría cuando los jueces entraban en la sala. «Pueden sentarse», dijo el presidente. Nos explicó el orden: «Vamos a anunciar el veredicto, primero cada uno de los acusados se levantará y a los que sean declarados culpables se les leerá después la pena aplicada. Habrá tiempo para que cada culpable pueda hablar con su abogado». La lectura del fallo iba a ser así en dos tiempos: primero, la declaración o no de culpabilidad; después, uno a uno se les comunicarían los años de cárcel.

Empezaron por Dominique Pelicot: «Señor Pelicot, sobre el conjunto de los hechos de los que se le acusan, el tribunal le declara culpable del crimen de violación agravada sobre Gisèle Pelicot, de violación y tentativa de violación agravada sobre Cilia Marechal, del registro y difusión de imágenes de la señora Pelicot…». Además de estos crímenes, se le consideró culpable de delitos que incluían el registro de imágenes, tomadas sin su consentimiento, de su hija, Caroline, y de las mujeres de sus dos hijos. Eran crímenes y delitos perpetrados durante diez años sobre cinco víctimas en total, por supuesto, todas mujeres.

Los acusados fueron levantándose uno por uno. Treinta y tres habían alegado una alteración del discernimiento para justificar la no intencionalidad del crimen. El tribunal no lo tuvo en consideración en ninguno de los casos, salvo en uno: Redouane Azougagh, por sus antecedentes psiquiátricos, pues había estado en tratamiento por esquizofrenia. Declararon dos psiquiatras que lo habían analizado, aunque los informes eran contradictorios, pues uno de ellos no veía que hubiera alteración, pero el otro sí. El tribunal lo tuvo en cuenta, lo que le permitía beneficiarse de una reducción de la pena, aunque lo declaró culpable igualmente.

En el resto de los casos se desestimó, como en el de Charly Arbo: «El tribunal considera probados todos los hechos […] no se tiene en cuenta la alteración del discernimiento que alega. Se le considera, por tanto, culpable de violación agravada». Fue leyendo la cartilla uno a uno: «Señor Lescole, el tribunal cree probado el conjunto de los cargos, desestima la alteración del discernimiento que alega. Es usted declarado culpable de violación agravada, en reunión y con la administración de sustancias. Se le considera absuelto por los cargos de tenencia de imágenes pedófilas». Todos fueron declarados culpables del crimen de violación excepto cuatro, de los cuales dos lo fueron por tentativa de violación en reunión (Hugues Malago y Andy Rodriguez), Joseph Cocco por un delito de agresión sexual y Saifeddine Ghabi por tentativa sexual.

Tras la declaración de culpabilidad, que era previsible, entramos en la segunda fase: la lectura de los años que iban a pasar en prisión. En Francia existe lo que se llama la individualización de la pena. A la hora de decidirla, se habían tenido en cuenta muchos factores, como la gravedad del delito o el crimen cometido, si hubo reincidencia, el tiempo que había pasado, si el acusado tenía antecedentes, los informes realizados por los psicólogos y psiquiatras, su riesgo de reincidencia y su nivel de peligrosidad criminal, su actitud durante el juicio y en la cárcel, si había reconocido los hechos y si tenía posibilidades de reinserción. Todos estos elementos se afinaron durante sus declaraciones, las de sus testigos y gracias a los peritajes de los expertos.

A las 10.16, sin sorpresa alguna para los presentes, se condenó al principal acusado a la pena máxima que establece el Código Penal para el crimen de violación: «Tras haber deliberado conforme a la ley, señor Pelicot, levántese. Sobre el conjunto de los hechos de los que se le acusan, usted es declarado culpable del crimen de violación agravada sobre Gisèle Pelicot. El tribunal le condena a veinte años de prisión».

En conjunto, la lectura duró poco más de una hora. En

la sala de visionado, con las familias sentadas al lado, los periodistas íbamos colocando números al lado de los nombres. Iba todo muy rápido. La madre de Adrien Longeron respiró de alivio cuando a su hijo lo condenaron a seis años a pesar de que la Fiscalía pidió trece para él. Pese a haber sido denunciado por sus exparejas, el Tribunal tuvo en cuenta a su favor que había pasado mucho tiempo desde los hechos (diez años), que tenía una red familiar fiable, una trayectoria profesional estable y posibilidades de reinserción. No pude evitar sentir pena por Romain Vandevelde, que fue maltratado sistemáticamente durante su infancia; como él tenía menos opciones de tener una vida normal, entre otras cosas, fue condenado a la pena más alta del grupo tras la de Pelicot: quince años. Había ido seis veces a Mazan. Igual que Jérôme Villela, con una pena de trece años de prisión por su reincidencia y su peligrosidad derivada de su «sexualidad desbordante y parafílica». Se tuvo en cuenta sin embargo que había reconocido los hechos, su «capacidad de introspección elaborada, sus expresiones empáticas sinceras, la autenticidad en su discurso al reconocer los hechos en su totalidad», el trabajo importante que había hecho en prisión y los buenos mimbres para una reinserción.

Los cincuenta y un hombres fueron declarados culpables, incluido el fugado. Más de cuatrocientos años de prisión en conjunto, aunque la Fiscalía había solicitado más de seiscientos. Las penas fueron más bajas, entre tres y quince años, en función de la gravedad y de cada caso. Los cuatro hombres que habían ido seis veces a Mazan, entre ellos los citados, fueron castigados con las más altas. Hubo otros cuatro, también citados, que sí cruzaron el arco de seguridad de vuelta a casa, condenados a entre tres y seis años. Al no tener antecedentes, cumplirían la pena con brazalete electrónico. Las reacciones en la sala principal, que en este caso pudimos conocer a través de los ojos de los cuatro compañeros que estaban dentro, fueron diversas. Resignación en la mayoría, sorpresa para algunos para los que se dictaron penas más duras de lo esperado. Alguno se echó a llorar. Béatrice Zavarro, la abogada de Dominique Pelicot, me dijo un día que ser abogado de la acusación particular, defender a la víctima, es mucho más difícil que ser el abogado del diablo, porque a veces es muy complicado explicarle a una víctima o a las familias de estas por qué un hombre sale en libertad o no ha sido condenado a la máxima pena, y es precisamente porque se valoran todos esos parámetros, además del delito cometido.

«Se levanta la sesión de esta audiencia penal», dijo Arata. Tomé mis últimas notas, a las que había dedicado tres meses y medio de manera obsesiva, 64 jornadas y 15 semanas, a las 10.51 del 19 de diciembre de 2024.

La sentencia fue histórica, aunque las asociaciones de feministas que estaban en la puerta pedían en sus pancartas: 20 AÑOS PARA TODOS. El veredicto, sobre el papel, dejó claro que no iba a haber impunidad, aunque a mucha gente le costó entender que algunos acusados salieran por la puerta (la de atrás) o fueran condenados a penas más bajas de las que contemplaba la ley. Yo, que había estado en las audiencias, sí entendía que había una grandísima diferencia entre Charly Arbo, que había estado seis veces en Mazan, no había reconocido los hechos y no había hecho un mínimo trabajo de reflexión sobre sus propios actos, y Joseph Cocco, por ejemplo, que en cuanto vio que Gisèle no se despertaba, se largó. Su abogado dio las gracias a Gisèle por «haber tomado la decisión valiente de que su juicio fuese público. Gracias a eso hemos tomado conciencia de la violencia que existe hacia las mujeres y sobre todo en las relaciones sexuales, que desgraciadamente siguen siendo en muchos casos de dominación, unos sobre las otras. Esto no es sino una ilustración de la violencia que vivimos cada día en nuestra sociedad».

El tribunal, en el escrito de motivación donde argumentaba el veredicto, señaló que la culpabilidad de Dominique Pelicot era «consustancial a la de los acusados, en la medida en la que cada uno de ellos, más o menos informado de la situación, pudo constatar, una vez en Mazan, que había que desvestirse fuera de la habitación, en un lugar donde tendría que recoger su ropa rápidamente y huir si Gisèle Pelicot se despertaba. Una vez en presencia de esta, cada uno de ellos pudo constatar que estaba dormida o, al menos, inerte y sin reacción, que la prudencia y el silencio se imponían en las palabras y los actos, y que había que evitar despertarla, hasta el punto de que ante cualquier movimiento o gesto de Gisèle Pelicot, había que salir de la habitación rápidamente». Del plan de Dominique Pelicot, el de «anular la capacidad de razonamiento y discernimiento de Gisèle Pelicot», «se beneficiaron todos los acusados, y cada uno de ellos, desde el momento en el que ya tenían suficiente información sobre el estado de inconsciencia de

Gisèle Pelicot y teniendo la posibilidad de interrumpir sus actos en todo momento viendo el estado inconsciente, omitieron deliberadamente el libre consentimiento de la víctima al imponerle actos de naturaleza sexual». El elemento intencional, ese que negaban y sin el que un crimen no existe, «queda constatado y fundamenta la culpabilidad de cada uno, caracteriza el estado de coacción y la circunstancia de violación en reunión en todos ellos».

Tras la lectura se desató el verdadero caos. Salí de la sala porque era deprimente. Todos apurábamos las crónicas, pero a la vez intentábamos hablar con los abogados de unos y otros, recoger testimonios. En la puerta de la sala principal, la Voltaire, se apelotonaban las cámaras esperando a que saliera Gisèle. Era su última declaración. Tardó en hacerlo. Había tal muchedumbre que la única manera de ver algo era siendo bajita. Aproveché mi privilegio y me colé por debajo. Cuando salió Gisèle se hizo el silencio. Llevaba pantalones blancos y camisa de rayas, tenía un papel en la mano y la cabeza alta. Se tomó unos segundos antes de empezar, en un tono neutro. A su lado la acompañaban sus abogados, sus hijos y un adolescente: su nieto N. P. «Hoy me dirijo con mucha emoción a todos ustedes. Este juicio era una prueba muy difícil. Pienso en primer lugar en mis tres hijos, en David, Caroline y Florian. Pienso también en mis nietos, porque ellos son el futuro y es también por ellos por los que he emprendido este combate, así como por mis nueras, Aurore y Céline. Pienso también en todas las otras familias tocadas por este drama. Y en las víctimas no reconocidas cuyas historias quedan a veces en la sombra. Quiero que sepan que compartimos el mismo combate. Quiero expresar mi agradecimiento más profundo a todas las personas que me han apoyado en esta prueba. Vuestros testimonios me han sacudido y me han dado la fuerza para venir cada día y afrontar las largas jornadas de audiencia. Quiero agradecer también a la asociación de ayuda a las víctimas, cuyo apoyo para mí ha sido de un valor incalculable. A todos los periodistas que han seguido este caso desde el principio, quiero expresarles mi reconocimiento por el tratamiento fiel, respetuoso y digno que han dado día a día, en todas las audiencias. A mis abogados, ellos saben el reconocimiento y el cariño que les tengo por haberme acompañado en cada etapa de este proceso tan doloroso. Yo quería, cuando decidí abrir este juicio al público el pasado 2 de septiembre, que la sociedad pudiese escuchar las audiencias que han tenido lugar en el tribunal. No me he arrepentido en ningún momento de esta decisión. Confío en nuestra capacidad para afrontar colectivamente un futuro en el que cada uno de nosotros, hombres y mujeres, podamos vivir en armonía, en el respeto y la comprensión mutua. Gracias a todos».

Fue difícil no emocionarse con el discurso de esa mujer que, desde el principio hasta el final, había dado una muestra de empatía y dignidad incalculable, hasta el punto de, en el momento final, haber tenido una palabra para las familias de sus violadores. En la puerta del tribunal había grupos de mujeres cantando. Me encontré con Anne Sophie Langlet, el «ángel de la guarda» de Gisèle en aquel banquillo, y nos emocionamos las dos. En contra de lo que se preveía, no hubo escenas de tensión. La propia Gisèle se había excusado con ellas, había advertido que, por respeto a las familias de los condenados, no se acercaría en esa ocasión. Esa era la inmensa talla de Gisèle Pelicot. Ese último día fue muy intenso. Nos fuimos al bar de Sofiane, que no daba abasto con tanto cliente, entre periodistas y feministas. Acabamos como pudimos las crónicas. Esa tarde quedamos para tomar unas cervezas juntos, toda la prensa mezclada, pero no parábamos de hablar de lo mismo todo el tiempo. Después, el *team* español, Edgar, Mavi, Leticia, Iñaki, Isabel y yo, y algunos más, entre ellos Britta, nos fuimos a cenar por última vez al italiano donde acostumbrábamos a acabar las jornadas. Eran los ritos de despedida. Leticia y yo volvimos al «antro-habitación» de los escombros, ya de lo más tranquilas, por el trabajo hecho y porque, a esas alturas, el miedo, como la vergüenza, también había cambiado de lugar.

El juicio de Mazan había cambiado completamente mi percepción de muchas cosas. Nos había quedado a todos claro, sobre todo a los condenados, que un violador no es solo el que te fuerza en un portal ni te asalta en un callejón oscuro, los cuales probablemente siempre han sido minoría, que de lo que no se habla es de los verdaderos depredadores de las mujeres: los que las conocen. Dejé de temer a los hombres con capucha o a cruzarme con un desconocido en una calle apartada de noche. Empecé a tener miedo al conocido, al amigo o al vecino, a la propia pareja o a las potenciales parejas. Ahora me daban pánico otras cosas: el helado envenenado antes de dormir, ese gesto de la persona que más quieres, la traición, las perversidades invisibles que solo intuyes cuando ya es demasiado tarde o los traumas no tratados que acaban arrastrando a otros. El consentimiento no deseado por miedo al rechazo o por convencionalismos, la posibilidad de ser potencial víctima o la constatación de que en el pasado, de una manera u otra, lo fui. Me obsesioné con los padres ausentes, esos que no declararon, que nunca estuvieron. Durante semanas me enfadé mucho con el mío. Con los hombres que le echan morro sabiendo que el consentimiento no es deseado, conscientes de la debilidad de la otra parte, con los depredadores emocionales. Ese fantasma, el del hombre con capucha que al principio del juicio veía por todas partes, tenía otra cara. Veía narcisistas en cada esquina. Me dio mucho miedo mi propia empatía, esa que a veces te condena. Me aterrorizó haberme visto reflejada en muchos de esos múltiples espejos de la sala del tribunal, los de ellas y los de ellos, los nuestros, mucho más oscuros que cualquier callejón de Aviñón. Al final de ese viaje, no era nostalgia lo que sentía, sino vértigo porque la capucha estaba en todas partes. Tras ese viaje a la habitación de Mazan, a lo que tenía miedo ya no era a la oscuridad, sino a lo que hay bajo la luz.

14

EL AMOR SEGÚN DOMINIQUE PELICOT

El gran enigma

«Cuando él dice que la quiere, ¿es sincero? ¿Dice la verdad?», la pregunta se la hizo el abogado de Gisèle Pelicot, Stéphane Babonneau, a Annabel Montaigne, la psiquiatra que entrevistó en la cárcel a Dominique Pelicot. Fue el lunes 9 de septiembre de 2024, la segunda semana del juicio y antes de que declarasen los acusados.

Dominique Pelicot, durante la instrucción del caso y en los exámenes clínicos e interrogatorios, siempre sostuvo que amaba a Gisèle y que era la mujer de su vida, así que, en realidad, la pregunta de Stéphane Babonneau era la que se hacía todo el mundo dentro y fuera del tribunal: periodistas, abogados, la gente corriente en los bares o en sus casas, los taxistas con los que charlé en Aviñón. ¿Cómo puedes hacerle algo así a la mujer a la que dices querer por encima de todas las cosas? A por qué lo hizo pudimos encontrar alguna respuesta, aunque fuera parcial e insatisfactoria: la compleja personalidad de Dominique Pelicot, disociada y enfermiza, su infancia disfuncional y los hechos que condicionaron la construcción de su sexualidad perversa. Al cómo lo hizo, desde el punto de vista factual, también hallamos explicación, pues él mismo detalló su *modus operandi*, perfeccionado a través de los años. Para el cómo pudo hacerlo no tuvimos explicación. Una de las cosas más difíciles del juicio de Mazan fue llegar a la conclusión, el 19 de diciembre de 2024, cuando se dictó sentencia y todo acabó, de que la pregunta de Babonneau tenía una respuesta afirmativa. Sí, Dominique quería a Gisèle, aunque en ese tramo final de su historia en común sucediera lo más terrible e inimaginable. Habría resultado casi más fácil digerir que la sometió a ese horror porque no la quería, por odio o venganza.

Los expertos trataron de explicarlo durante los interrogatorios.

La psicóloga Annabel Montaigne dijo: Él es sincero cuando dice que la quiere, aunque cuando hablamos de amor, hay que tener en cuenta la noción de psicodependencia, el vínculo privilegiado a un objeto de amor. A veces se asimilan los dos conceptos y hay muchos grados. En su caso, hay una fuerte psicodependencia al objeto de amor y todo lo que implica: la imagen social y la imagen de él mismo. Ella era su objeto narcisista, esencial en su equilibrio vital.

Stéphane Babonneau: ¿Cuál es la explicación a que alguien que dice amar a otra persona pueda hacerle algo así? ¿No hay un sentimiento de culpabilidad? ¿Cómo es posible que quisiera hacerle daño? ¿Cómo cohabitan estas dos contradicciones?

AM: Él habla de su manera de amar, de su psicodependencia, el amor para él podía corresponder más a ese vínculo a un núcleo familiar que a un sentimiento profundo. La naturaleza de los actos nos remite además a la noción de disociación, que permite explicar que hay en él dos funcionamientos que se activan, uno en la esfera íntima y otro en la esfera social, y uno es dominante en cada uno de esos espacios. La disociación permite integrar que la persona que tenemos enfrente sea a la vez buena y mala. En el caso de un niño, una madre, por ejemplo, que es buena porque le alimenta, pero mala porque le hace esperar para comer cuando tiene hambre. Integramos esta ambivalencia afectiva que nos permite estar en relación de manera recíproca con ese objeto que es bueno y malo al mismo tiempo. En el caso de la esposa, por un lado, hay una mujer entregada a la que ama, por otro, ese objeto al que dan ganas de hacer sufrir. Esto es un proceso inconsciente, difícilmente validable a través de algo concreto. El hecho de que ella esté pasiva en los actos sexuales responde a la necesidad esencial de dominar totalmente el objeto, de tener un poder sobre él. Es el amor como forma de dominación.

Paradójicamente, en un juicio a cincuenta y un acusados de violación, el amor, en sus formas más diversas y perversas, estaba muy presente. Era como el río subterráneo sobre el que navegaba todo lo demás: el delito, las adicciones, los traumas, las frustraciones y las desviaciones. Hasta dónde somos capaces de llegar, no por amor, sino para buscar ser queridos. En la mayoría de los casos, según lo que se desprendió de sus declaraciones, esos hombres no buscaban dar amor, sino recibirlo. El amor no era un motor, sino un fin, convertido a veces en algo utilitario y egoísta. Para muchos, la carencia o la búsqueda de amor se convirtió en una condena. Vimos el lado oscuro del amor reflejado en algunos de los que hablaron en el atril de ese Tribunal del desamor. Los hombres que no habían sido amados. Unos cuantos acusados declararon: «A mí nunca me dijeron "te quiero"». En su búsqueda del cariño que nunca le profesaron, Romain Vandevelde se metió en una página libertina porque quería «encontrar compañía». Andy Rodriguez estaba solo un 31 de diciembre, así que pensó que la mejor manera de combatir la soledad en el comienzo de año era acordar una cita con un desconocido para tener sexo con una mujer desconocida. Charly Arbo probablemente no experimentó lo que es un primer beso, inocente, porque a esas alturas ya estaba formateado por la pornografía. Y es así como aprendió a vincularse a las mujeres. Hubo un acusado que hizo una curiosa aportación, Mohamed Rafaa, condenado a ocho años de cárcel por haber violado a Gisèle en Île de Ré, durante las vacaciones del matrimonio en casa de su hija. Dijo que para él «el sexo sin amor es como una flor sin olor». Había sido condenado previamente por haber violado a su hija de quince años.

Muchos acusados excusaban sus actos con el insólito argumento de que «un marido no le hace eso a su mujer» y, sin embargo, ellos no revisaron su historia con las mujeres que les quisieron y a las que ellos malquisieron. Como la expareja de Vincent Coullet, que declaró ante el tribunal que siguió con él a pesar de la relación tóxica que tenían porque pensaba que aún le podía salvar y porque él adoraba a su hija, fruto de una relación anterior de ella. Él mismo dijo que quiso mucho a esa niña. En algunos acusados lo que les condujo a practicar el libertinaje fue una ruptura sentimental, un trauma de abandono o de rechazo. Adrien Longeron, cuando su abogada le preguntó qué desearía hacer cuando saliese de la cárcel, declaró que quería al fin formar una familia, la suya, no la modélica de sus padres. Cuando, con apenas veinte años, se enteró de que la hija que había tenido con su entonces pareja no era suya, declaró su odio a las mujeres. Probablemente aquella novia le rompió el corazón, pero más adelante algunas de las siguientes le denunciaron a él por violencia. De una de ellas dijo, sin emocionarse: «Le hice mucho daño y espero que se haya podido reconstruir». En ese banquillo había muchas historias de amor disfuncionales, protagonizadas en muchos casos por hombres que no sabían querer y que quizá tenían, como explicó la psiquiatra Annabel Montaigne, más una relación de psicodependencia o una necesidad de dominar o de ser queridos que un sentimiento profundo.

En el caso de Dominique Pelicot, por su historia, cuando conoció a Gisèle también tenía necesidad de amor. En las entrevistas con los diferentes psiquiatras que lo analizaron insistía: «Nadie se había dado cuenta y si esto no hubiera salido a la luz, seguiríamos siendo felices». Paul

Bensoussan, otro de los expertos que lo examinó, dijo que había idealizado a su mujer y que uno de los grandes enigmas de este caso era precisamente ese: cómo pueden coexistir dentro de un mismo individuo dos personalidades opuestas e incompatibles, una que la quiere, otra que la destruye. «Hay una diferencia entre el deseo y la necesidad. Hay hombres que expresan deseo y otros, necesidad. Él expresaba lo segundo», declaró.

Sobre la noción de amor, que a medida que avanzaban los interrogatorios se nos iba desintegrando, Stéphane Babonneau le preguntó a Annabel Montaigne si Dominique Pelicot era consciente de que la ponía en peligro.

AM: Él lo ha reconocido, pero en el momento del examen psicológico predominaban la preocupación por él mismo y su imagen, no tanto por los otros. Hay egocentrismo en su discurso. No he visto movimientos de empatía ni de preocupación por el estado de salud física y psicológica de la víctima.

«La víctima» era la persona con la que había compartido cincuenta años, su vida, su primer amor y el último y la que, según sus palabras, le había salvado. En la entrevista que tuvo en prisión con Marianne Douteau, otra psicóloga, él dijo: «Es una santa, me hizo olvidar todo lo que yo había vivido antes. Yo lo hacía todo por ella». La experta dijo que Dominique Pelicot tenía «una personalidad colérica y con tendencia a mentir», rasgos parecidos a los de su padre, que sometía a su madre y al que él rechazaba. De su madre dijo que también era una santa, y aunque señaló durante el juicio «Yo no soy como mi padre», al final acabó reproduciendo ese patrón que había vivido en su infancia. Douteau habló también de la manera en la que Dominique Pelicot funcionaba y disfuncionaba, con esa «personalidad antagonista, el que quiere ser y el que es. Es difícil percibir empatía, está apegado a la buena imagen de su familia y dice que su matrimonio se ha roto a raíz de este proceso, que aniquila todo lo que él ha construido, su familia, y que si no hubiera tenido lugar este juicio todo habría continuado igual: "Yo seguiría siendo feliz, todo habría seguido igual, ella seguiría siendo feliz"».

Los exámenes psiquiátricos que los expertos expusieron durante el juicio se le realizaron años antes de que empezase, así que en la cárcel tuvo tiempo para reflexionar y ante el tribunal cambió el discurso, dijo que su mujer no se merecía todo lo que él, un perverso que se fue cociendo a fuego lento, le hizo. «Un perverso no nace así, se hace», se justificaba. El 17 de septiembre de 2024, en su primera declaración, dijo: «Aunque suene paradójico, nunca he considerado a mi mujer como un objeto. La he querido siempre durante cincuenta años. Nunca debí haber hecho esto, lo he arruinado todo y lo he perdido todo. Debo pagar por ello».

Su abogada, Béatrice Zavarro, le interrogó: ¿Usted la quería?

Dominique Pelicot: Estaba loco por ella. Siempre lo he dado todo por ella. Ella tenía un corazón de oro. Yo tenía la familia ideal, era yo el que no lo era.

Uno de los abogados de los acusados le preguntó también cómo pudo hacerle algo así si tanto la quería. Él respondió que su adicción a la pornografía «era más fuerte». «He intentado parar, pero no he podido».

Abogado: ¿Lo hizo por odio?

DP: Nunca he sentido odio hacia ella, no sentía más que amor.

A: Usted, cuando habla de Gisèle, dice que sin ella no sería nada. ¿Lo dice porque la ha perdido?

DP: Sin ella no sería nada porque antes de encontrarla yo era una persona traumatizada. Le debo mucho. Sin embargo, he traicionado su confianza.

A: No es que haya traicionado su confianza, es que usted ha perdido definitivamente a su mujer.

DP: Quizá. Pero siempre albergamos un poco de esperanza, si no, todo está acabado.

En el discurso del monstruo de Mazan, los conceptos de esperanza, felicidad y de amor adoptaban un tono particular.

Su abogada también trató de explicar, en su alegato final, cómo pudo hacerle eso a su mujer queriéndola, cuando abordó la evolución de su cliente, su vida y traumas, y cómo se convirtió, en ese proceso de disociación en el que el perverso le fue comiendo terreno al marido ejemplar, y acabó en la peor versión de sí mismo. Béatrice Zavarro defendió que siempre hubo «dos Dominique» y pidió a Gisèle y a sus hijos que se quedasen con ese que sí supo amar: «Gisèle, Caroline, guardad en vuestro recuerdo la imagen de ese primer Dominique, olvidad al que yo estoy defendiendo hoy. Quedaos con el que os ha cuidado y, estoy segura, os ha amado profundamente. Un día él me dijo "He ido hasta el fondo de mí mismo para ver que no había nadie ahí"». Su abogada acabó con unas palabras que él había escrito en la cárcel para Gisèle en las que decía: «Me he convertido en un mal sujeto. ¿Tendría derecho a ser perdonado? Espero que algún día nos podamos volver a ver, podamos hablar de todo esto». Dominique Pelicot no perdía la esperanza.

La abogada del diablo defendía al monstruo de Mazan, pero siempre trató de proteger a Gisèle y a su hija, Caroline. Sobre esta última, en los interrogatorios trató de arrancarle a su cliente una explicación al hecho de que se hubiesen encontrado un par de fotos de su hija aparentemente dormida en sus archivos, algo a lo que él nunca supo responder. A Béatrice Zavarro le pregunté, meses después del juicio: «¿Cree que usted que su cliente quiere a Gisèle?». «Sí, la quiere, siempre ha querido mucho a esa mujer», me dijo. Le hice la misma pregunta a Antoine Camus, abogado de la otra parte. Me respondió lo mismo. Yo también lo creía.

En su idea del amor, la suya particular, no mentía. Un día en el que ella se ausentó del juicio, que fueron días contados, no respondió a las preguntas de los abogados de los otros acusados: «No voy a responder a cuestiones que tengan que ver con mi mujer sin que ella esté presente». Era curioso porque él no dejó de referirse a ella como «mi mujer», a pesar de que ya no estaban casados, pues ella se había divorciado. Ella a él siempre le llamó «señor Pelicot». La defendió ante los que cuestionaban su implicación en los actos alegando que no era posible que no se hubiera dado cuenta de nada durante tanto tiempo, o ante los que pensaban que estaba influenciada por él o que era una mujer sometida. Él defendió que ella siempre fue independiente, nunca estuvo bajo su influjo, y confesó que su perversión fue precisamente querer someter a una mujer insumisa. Pocas veces debe haber en un tribunal un acusado a punto de ser sentenciado a la pena máxima defendiendo tanto a su propia víctima. Era como si intentase reparar ese mal que había hecho. Quizá ese fue el gesto de amor más sincero y generoso que, ya en el último tiempo y probablemente gracias a su abogada y a los psicólogos que le trataron, tuvo con Gisèle: asumir y reconocerlo todo, no pedir la libertad provisional y no recurrir la sentencia «para no causarle más dolor».

Casi todos coincidíamos en que Dominique Pelicot quería a Gisèle y eso nos dejaba desvalidos porque, de la misma manera que redefinimos el concepto de violador, recolocamos el de vergüenza y se nos rompió el de confianza, tuvimos que deconstruir el del amor, ese en el que todos pensábamos cuando nos preguntábamos si la quería. En realidad, la pregunta que nos hacíamos no era la correcta. El interrogante no estaba en si la quiso, sino en cómo la quiso. Mazan fue la constatación definitiva de que ese concepto de amor, el de los diccionarios, se nos quedaba corto e incompleto porque, en un intento por protegerlo, lo habíamos idealizado y sacralizado, y habíamos obviado esa otra cara, la oscura que busca dependencia, dominación o necesidad, en la que a veces también habitamos el amor. Mazan desdibujó nuestras referencias sobre ello, aunque sí aprendimos que, como Dominique, el amor tiene dos caras y que nada nos protege del poder devastador de su lado oscuro, ni el amor mismo.

Porque sí, Dominique Pelicot quiso mucho a Gisèle Pelicot y también la destruyó.

El amor según Gisèle Pelicot

Gisèle y Dominique estuvieron juntos medio siglo, aunque eran antagónicos y amaban distinto, así que él la quiso, pero la destruyó y ella simplemente le quiso. Durante el tiempo que duró el juicio, todos percibimos un hilo invisible entre ellos dos, desde el box blindado en el que estaba él a un lado de la sala al otro lado, enfrentados, como si siguiesen conectados. No quedaron fotos de familia, porque la mayoría se destruyeron, pero lo difícil de borrar, a pesar de todo, era el medio siglo de vida en común durante el cual, como dijo Béatrice Zavarro, también existió ese Dominique que supo querer, el de antes de los diez años de violaciones en Mazan. Ni ella ni sus hijos ni nadie de su entorno sospecharon que existía ese otro, el perverso a esos niveles. Para Gisèle, el amor sí era un motor que daba sentido a las cosas. Hubo dos preguntas que nadie le hizo: si ella le quería aún y si creía que él de verdad la quería, a pesar de todo.

Gisèle Pelicot quiso que el juicio a sus violadores fuese público, no para alimentar una guerra estéril entre hombres y mujeres, sino para que la sociedad cambie y para que, como ella dijo el día de la sentencia, sus nietos «puedan crecer en un mundo en el que todos, unas y otros, vivamos en el respeto». Gisèle nos hizo un regalo muy valioso: a través de su historia, nos abrió la posibilidad de repensarnos para seguir avanzando. Nos pasó a Sofiane y a mí en su bar, el que yo misma apodé como «el bar de los violadores» y en el que ambos compartimos nuestro viaje a esa habitación de Mazan y redefinimos esos conceptos que ya no nos cabían en el diccionario. Al principio, él intentaba justificar sus historias y, al final, los acabó echando de su bar porque, en su propia reflexión, empatizó con su hija, a la cual creía que maltrataba su novio, y se cuestionó su propio comportamiento como marido. Mi viaje fue a la inversa, al principio quería condenarlos a todos a veinte años de cárcel y acabé regañando a Sofiane por haberlos expulsado porque empaticé con sus madres, hijos y familias, también con las historias de algunos de ellos, y me hice a mí misma la pregunta de si yo también había querido alguna vez a alguien de esa manera tóxica, egoísta y dominante, la de fuera del diccionario. El último día, cuando nos despedimos, me dijo que su madre le había llamado emocionada para darle las gracias por acoger a los grupos de feministas que iban a celebrar la sentencia. En esa *brasserie* cerca del Tribunal de Aviñón, la vergüenza, como quería Gisèle, cambió de bando y Sofiane y yo, en nuestros viajes cruzados al otro lado en busca de respuestas, comprendimos que en realidad estábamos todos en el mismo. Gisèle cambió cosas, también a nosotros dos, una periodista española y un camarero francoargelino, en ese bar de los violadores que acabó siendo el de las feministas.

Después de Mazan

En 1980 hubo otra Gisèle en Francia, Gisèle Halimi, abogada que defendió a dos turistas belgas, Anne Tonglet y Araceli Castellano, violadas por tres hombres en una cala de Marsella. Logró que se considerase la violación como un crimen y no un delito dentro del Código Penal francés. A raíz del juicio a los violadores de Gisèle Pelicot, en marzo de 2025, la Asamblea francesa estudió un proyecto de ley para incluir la noción de no consentimiento en la definición de violación, para que se penalice que una relación no consentida es un crimen. Entre una Gisèle y la otra han pasado más de cuarenta años.

Dominique Pelicot, ese hombre de dos caras que amaba y destruía, logró durante mucho tiempo contener su lado oscuro gracias a la luz que le sostuvo, la de dos mujeres, su madre y su esposa. Hoy solo recibe visitas de su abogada. Está en una cárcel al sur de Francia, cerca del lugar que en su día eligió para retirarse y ser feliz, en una célula de aislamiento y sin contacto con los otros presos. Tiene acceso a la biblioteca. Lee y escribe. Ya en la cárcel, antes de que empezase el juicio, comenzó a redactar sus memorias.

Su abogada, Béatrice, también escribe. Le han vuelto los problemas de espalda que me confesó que tenía antes de ir a Aviñón, esos que se le quedaron congelados en el tiempo. Como mis fantasmas, que quedaron entre paréntesis durante cuatro meses; tras la sentencia, también me tuve que enfrentar a ellos, a los antiguos y a los nuevos.

De los cincuenta condenados, diecisiete recurrieron el fallo. Iban a ser juzgados de nuevo en un tribunal popular en Nîmes en octubre de 2025, con Gisèle presente y en juicio abierto, pero fueron desistiendo y de los diecisiete, solo queda uno: H. Dogan. Joseph Cocco, uno de los cuatro que salió en libertad, me dijo que iba a escribir un libro.

Gisèle Pelicot también escribe su historia. Tras la sentencia, recibió muchos premios, peticiones de entrevistas y algunos medios la nombraron la mujer del año, pero ella no quiso tener presencia pública. «No quiere hacer militancia, solo reconstruirse», me dijo su abogado, Stéphane Babonneau. Su hija, Caroline, ha escrito dos libros. Julie, la ilustradora, expuso todos los dibujos que hizo durante el juicio en el bar de Sofiane. Marion, Anna y Clara también empezaron a escribir y a dibujar, para exorcizar. Nos vimos después y compartimos el impacto emocional de esa onda expansiva que había supuesto para nosotras esta experiencia. Sabíamos que llegaría en algún momento, como los dolores de espalda de Zavarro y mis fantasmas. Las Navidades fueron raras y nos costó volver a la normalidad, porque había cosas que ya no volverían a ser como antes. Algunas entramos en una especie de fase depresiva que duró semanas y que para las que escribíamos fueron meses. Nos habíamos quedado vacías y habíamos perdido los referentes de nuestro diccionario, ese que tuvimos que reescribir. Al final, la palabra fue lo único que nos quedó a muchos y muchas para tratar de recomponerlo y contarle a la gente lo que aprendimos en ese viaje a la habitación de Mazan.

AGRADECIMIENTOS

En mi infancia hubo varias Gisèle, mujeres de otra generación que fueron ejemplo para mí por su fortaleza y dignidad. Mi abuela Filo o Carmen, su mejor amiga, que era de la familia. Tuvo que salir de su pueblo en Galicia en plena posguerra cuando su familia biológica le dio de lado porque se quedó embarazada muy joven de un tipo que desapareció. Entre todas, mi abuela, mi madre, mi hermana y yo, aliviamos parte de esa vergüenza que siempre la acompañó. O mi tía, Mercedes, que crio a mi padre cuando tenía edad para estar jugando con muñecas.

A ellas, a esa generación, por el legado generoso que dejasteis sin hacer ruido.

A Gisèle, por el regalo que nos hizo al abrir su juicio y poner sobre la mesa el debate de la vergüenza.

A mi madre, que cuando dejé mi trabajo para embarcarme en este proyecto, me regaló un ordenador para que pudiera «escribir nuestro libro».

A Alberto, porque siempre le dio sentido al diccionario, al genuino. Gracias por sostenerlo, por haberme leído, aconsejado y acompañado en este proceso con tu paciencia infinita.

Gracias a todas las personas que me han ayudado en mi trabajo y a tratar de comprender mejor: a los abogados Antoine Camus, Stéphane Babonneau y Béatrice Zavarro. A los policías y al personal del Tribunal de Aviñón, a Nasser, Jérôme y Dorian. A Youssef. A mis compañeras «de banquillo».

A los compañeros que me habéis apoyado y acompañado en el camino, y a los compañeros de *El Mundo* que me habéis dado espacio para contarlo. A Yaiza, por su apoyo incondicional.

A Gonzalo, por haber apostado por la historia y haber confiado en mí para escribirla. A Gabriela, que me ha llevado de la mano en este viaje y me ha ayudado a recomponer las piezas del puzle. Por esos «puñados de debates de introspecciones y luces» de vicios narrativos.

Gracias a las amigas y amigos que en este tiempo habéis tirado de mí cuando lo necesitaba porque yo sola no podía. A mi «familia» de París y a mi querido «bordel republicano», por vuestro apoyo y cariño. A Rafa y a Iñaki, que habéis vivido este viaje como si fuera el vuestro.

Este libro habría sido imposible sin el amor incondicional de Creta, que me ha acompañado, tumbada a mis pies, en cada una de estas líneas.

La pared de casa ya no está empapelada con folios con anotaciones de nombres, penas de cárcel y sórdidos datos biográficos. Hay un espacio en blanco, liberado para colgar los dibujos de colores de África e India. Este libro, y todo lo que para mí significa, también es para ellas.